Aromas e Sabores da Boa Lembrança

Aromas e Sabores da Boa Lembrança

3ª EDIÇÃO

Tomate

TEXTO
Danusia Barbara

FOTOS
Sergio Pagano

Aromas e Sabores da Boa Lembrança – *Tomate*
© Associação dos Restaurantes da Boa Lembrança
e Danusia Barbara (texto)

Direitos desta edição reservados ao Serviço Nacional
de Aprendizagem Comercial – Administração Regional
do Rio de Janeiro.

Vedada, nos termos da lei, a reprodução total ou parcial
deste livro.

SENAC RIO

Presidente do Conselho Regional
ORLANDO DINIZ

Diretor Regional
DÉCIO ZANIRATO JUNIOR

EDITORA SENAC RIO
Avenida Franklin Roosevelt, 126/604
Centro – Rio de Janeiro – RJ – CEP: 20.021-120
Tel.: (21) 2240-2045 – Fax: (21) 2240-9656
www.rj.senac.br/editora

Projeto editorial
ASSOCIAÇÃO DOS RESTAURANTES DA
BOA LEMBRANÇA E ANDREA FRAGA D'EGMONT

Coordenação técnica e receitas
ASSOCIAÇÃO DOS RESTAURANTES
DA BOA LEMBRANÇA

Editora
ANDREA FRAGA D'EGMONT
(andrea.degmont@rj.senac.br)

Concepção fotográfica e fotos
SERGIO PAGANO

Produção das receitas e food style
SERGIO PAGANO E ASSOCIAÇÃO DOS
RESTAURANTES DA BOA LEMBRANÇA

Assistente de fotografia (Rio e São Paulo)
JOSÉ PAULO CALDEIRA

Pesquisa
DANUSIA BARBARA, THEREZA PIRES
E ANDREA FRAGA D'EGMONT

Edição das receitas
ANGELA BRANT

Revisão
KARINE FAJARDO

Design
VICTOR BURTON

Designer assistente
ANGELO ALLEVATO BOTTINO

Assistentes de produção
ANDRÉ STOCK E ANDRÉA AYER

Ilustrações
AXEL SANDE

Versão
MC TRADUTORES

Padronização das receitas
CENTRO DE TURISMO E HOTELARIA
DO SENAC RIO / ADRIANA REIS E
BERTRAND BOUVIER

Indicação de vinhos
Sommelier MARCOS LIMA

Digitalização
MADINA

Manipulação de imagens
MARIA INÊS COIMBRA

Coordenador administrativo-financeiro
JOSÉ CARLOS FERNANDES
(jose.fernandes@rj.senac.br)

1ª EDIÇÃO: MAIO DE 2001
2ª EDIÇÃO: AGOSTO DE 2001
3ª EDIÇÃO: SETEMBRO DE 2005
Impressão: PANCROM

CATALOGAÇÃO NA FONTE DO DEPARTAMENTO NACIONAL DO LIVRO

B229a
 Barbara, Danusia
  Aromas e Sabores da Boa Lembrança – Tomate /
 Texto Danusia Barbara. – 3. ed. Rio de Janeiro: Ed. Senac Rio,
 2005.
  148p.; 22cm x 25cm.

  ISBN: 85-87864-06-8

 1. Culinária. I. Título   CDD: 641.5

É extremamente honrosa para o Senac Rio a parceria com a Associação dos Restaurantes da Boa Lembrança neste projeto que enaltece e registra a criatividade de *chefs* de todo o Brasil, divulgando suas receitas de sucesso.

O Senac Rio, por intermédio do Centro de Turismo e Hotelaria, promove a melhoria dos serviços prestados em restaurantes e hotéis, com atividades de assessoria e atuando como agente de treinamento de profissionais da área, que, uma vez inseridos no mercado de trabalho, tornam-se extremamente bem-sucedidos em suas carreiras.

Por esse motivo, é, para nós, de grande importância a publicação de obras como esta, que atingem um público de interessados em alta-gastronomia e servem de modelo para nossos estudantes e clientes, instigando a sua curiosidade e criatividade. Trata-se de uma deliciosa viagem gastronômica que deleitará os leitores com primorosas receitas e informações técnicas inéditas sobre o tema.

A todos os parceiros e colaboradores, nossos agradecimentos.

Orlando Diniz
Presidente do Conselho Regional do Senac Rio
Maio de 2001

"Caros amigos, gourmets, amantes da boa cozinha, leitores, com orgulho e prazer escrevo para explicar-lhes o início de uma história que..."

Com estas exatas palavras, iniciei o prefácio do primeiro livro da Associação dos Restaurantes da Boa Lembrança. Estávamos felizes, dando nossos primeiros passos para tornar ainda mais completas nossas mesas. Além dos pratos em si, suas receitas e, de quebra, um passeio pelo Brasil.

No início (02/02/94) éramos apenas 13 restaurantes associados. Por ocasião da feitura do primeiro livro, passamos a 19 e hoje somos quase setenta restaurantes, em 15 estados brasileiros e no Distrito Federal. Atendemos milhares de clientes, amantes da boa mesa. Muitos se tornaram nossos amigos e cuidadosos colecionadores de nossos pratos de cerâmica pintados à mão, marca tangível dos sabores degustados.

Agora partimos para uma nova empreitada, a coleção de livros temáticos. Começamos com o tomate, prosseguiremos com outros, sempre com o propósito de divulgar novas maneiras de lidar com os produtos que nos fornecem energia vital, alegrias, prazeres. A saga do tomate no mundo, suas histórias e os preconceitos que enfrentou, pareceram-nos uma boa metáfora do que é importante na vida: lutar pelo melhor. As receitas traçam um painel de sugestões de todos os segmentos da cozinha contemporânea brasileira.

Bom proveito!

Danio Braga
Presidente da Associação dos Restaurantes da Boa Lembrança
Maio de 2001

Sumário

11 *O Indispensável Tomate*
   DANUSIA BARBARA

26 *Entradas*

54 *Massas & Risotos*

74 *Peixes & Crustáceos*

94 *Aves & Carnes*

114 *Sobremesas*

126 *Dicas*

127 *English Translation*

Danusia Barbara

O Indispensável Tomate

é chique, é alto-design, é delicioso, é o máximo!

Tradicional por fora e contemporâneo por dentro. Ou contemporâneo por fora e tradicional por dentro? Os dois.

Tomate é assim: versátil.

É essencialmente fruta, mas tem seu lado legume. Alimento múltiplo, dos mais usados na atual culinária mundial, sofreu momentos malditos quando foi considerado veneno. Durante séculos, serviu apenas de ornamento a jardins. Hoje, todos sabem que é potente anticancerígeno, entre outras prendas fantásticas.

Tomate é para ser comido, saboreado, devorado, decifrado. Produz iguarias gastronômicas inolvidáveis: sopas, molhos, suflês, sobremesas, sorvetes, purês, coquetéis. É solar, sensual, inebriante. Tornou-se marca cultural em várias nações: imagine a Itália sem tomate na macarronada ou na *pizza*. Ou a Espanha sem o rubro *gazpacho*, a França sem tomates recheados ou com uma *ratatouille* anêmica, isto é, sem tomates. Calcule os Estados Unidos sem o *ketchup* básico, a China sem o *jazzed hoisin* (um molho) ou o Vietnã sem seu *sot ca chua* (outro molho).

Na Ásia, o tomate só começou a ser mais bem conhecido no século XX, enquanto os árabes da Tunísia, Argélia e Marrocos tiveram mais sorte: esperaram apenas até o século XIX. Quer coisa mais marcante de certas épocas e ambientes que os pratos e as bandejas de gloriosos bufês enfeitados de rosas feitas de casca de tomate? Como um simpático guerrilheiro, o tomate está em todas. O poeta Pablo Neruda rendeu-se a seus poderes e escreveu a belíssima *Ode ao tomate*: "A faca mergulha em sua polpa viva, vermelho visceral, solar, profunda, inesgotável..."

Energiza, perfuma, serve de cosmético, está até na alta-costura. Yves Saint Laurent brilhou lançando vestidos *chemisiers* com pequenos tomates estampados de seda. Ungaro criou uma coleção de lenços com o mesmo motivo. Dolce & Gabanna desenharam a bolsa bem-humorada que reproduz a fruta.

Como se isso não bastasse, *blushes*, batons e esmaltes de unha de grifes poderosas (como Estée Lauder e Revlon) recorrem ao tom em suas coleções de verão. Na cosmética de ponta, os princípios ativos do tomate são usados em cremes rejuvenescedores que combatem os radicais livres e mantêm a elasticidade da pele. São produtos caros e raros, prometem milagres contra flacidez, rugas e inchaços. O último e mais surpreendente uso do tomate nesta área aproveita seu sutilíssimo aroma ácido-frutado na formulação de perfumes. Isso mesmo: um cheirinho de tomate fresco faz parte do buquê de caros perfumes modernos como *Le Feu*, de Issey Miyake, ou *J'Adore*, de Christian Dior.

A saga do tomate começou há muitos séculos, no novo continente, mais exatamente na região compreendida entre Peru, Equador e Bolívia, depois estendida até o México, onde os astecas deram-lhe o nome de *tomatl*. Pequenina, amarela, tipo tomate-cereja de hoje, era fruta nativa, dava à vontade, dispensava cultivos. Os espanhóis a levaram para a Europa, mas foi recebida com desconfiança: suas ligações com a família das solanáceas acabaram impondo-lhe a pecha de planta perigosa, quiçá venenosa, certamente feiticeira. Um médico suíço narra, no século XVII, que conseguiu acalmar uma pessoa nervosa que estava quebrando tudo o que via pela frente pedindo-lhe que segurasse um tomate.

Receando seus poderes, os botânicos deram-lhe o nome latino de *lycopersicon* (pêssego do lobo). Só no final do século XVIII acrescentaram o adjetivo *esculentum* (comestível). Mas esse comestível pêssego do lobo (*lycopersicon esculentum*) penou para ser aceito. "Tomate tem parte com o Diabo, é coisa de bruxa, é sangue correndo solto, bem ao contrário da beterraba, que tem textura e cor de sangue coagulado. Nunca coma tomate, é veneno puro, apesar de afrodisíaco. No máximo, presta para enfeitar jardins." Estranhou tais pensamentos? Pois assim foi durante muito tempo na Europa, que saía da Idade Média quando acolheu o tomate. A ojeriza era tão grande que há escritos registrando como a fruta tinha capacidade de corromper (*sic*) estômagos e almas.

Uma feira de legumes no Peru.

13

Uma pomme d'amour em gravura de 1633.

Em 1550, o naturalista Cesalpino refere-se ao tomate como a *mala insana*, isto é, o pomo não saudável. Alguns anos mais tarde, Petrus Matthiolus pintou e descreveu a *mala peruviana*, o pomo do Peru (o que causou certa confusão, pois, embora nativo do Peru, foi no México que os conquistadores europeus adotaram seu nome – *tomatl* – e de lá levaram as primeiras plantas para a Europa). Passados muitos anos, quando já se admitia o ato de comer "esta inutilidade danosa", recomendava-se neutralizar seus elementos tóxicos cozinhando os tomates por no mínimo três horas.

Em determinado momento, tentou-se um certo *marketing* para inverter a situação: foi levado para a Itália sob o nome de *pomo d'oro*, por ser amarelo e ter supostos poderes afrodisíacos. Mas continuou desprezado, até alguns camponeses conseguirem desenvolver uma variante vermelha. A partir daí, as coisas foram mudando. Em meados de 1700, o cozinheiro italiano Francesco Leonardi preparou uma massa com molho de tomate, dando início ao caso de amor profundo entre *pasta* e *pomodoro*. Deste casamento, nasceu toda uma tribo de *salse*, *sughi* e *ragu*.

A união foi tão profunda que, hoje, não se pensa em tomate sem associá-lo à culinária italiana. Há até a historinha do padre de uma pequena cidade na Romagna. Era um enxerido, metia o nariz em tudo que acontecia por lá. Mas era doce e honesta figura, suas intervenções produziam mais benesses que males. Daí o apelido de Dom Pomodoro. Como o tomate, dava-se bem em qualquer lugar, tinha mil e uma utilidades.

A festa anual da Tomatina, em Bunol, Catalunha, na Espanha, é outro exemplo de como o tomate assumiu novos encargos e funções. Por 15 minutos, na última quarta-feira de agosto, ao meio-dia, a cidade é dominada pelos atiradores de

tomates. Num entusiasmo frenético, atroz, compulsivo, a praça principal desaparece em meio à chuva de tomates, que se esborracham no chão, sujam de vermelho pessoas e coisas, numa grande bagunça, misto de fúria e alegria. Os sucos escorrem pelas valas como sangue, os tomates amassados formam um leito no qual as pessoas deitam-se, lambuzam-se, anarquizam. O cheiro forte de tomate se espalha por todos os lados. É uma vasta brincadeira, um grande carnaval, um veemente descarrego vermelho.

Entre os bambaras, do Mali e do Senegal, o tomate é tido como alimento que ativa profundamente a fecundidade. Os casais devem comê-lo antes de concretizar sua união e as mulheres oferecem aos céus sucos de tomates (vermelhos como sangue de oferendas) que, dizem, aceitos pelos deuses, retornam à Terra sob forma de chuvas benfeitoras às colheitas.

Repare na forma e conteúdo do tomate: *design* perfeito, identidade visual absolutamente contemporânea, absolutamente clássica. Pele lisa e fina, à prova d'água, película esticada ao máximo sem, no entanto, ser tão frágil assim. Interface entre exterior e interior, encerra a carne úmida de sucos, inebriados de acidez avinagrada, mas concomitantemente doce. Surpreende. Aparece aqui a característica básica do tomate, a de centrar em si múltiplos aspectos. Contrastes que se ampliam e complementam no sabor e textura. Mas o interior não é só "esta carne macia como os seios e rosa como o púbis".[1]

Sua pele brilha, aparenta transparência, tudo mostra e tudo esconde; em suma, revela substância densa, mas sutil. Guarda no interior

---

1. Joseph Delteil, em *Choléra*, citado por Jean-Luc Henning em *Dictionnaire littéraire et érotique des fruits et legumes*, Ed. Albin Michel.

15

algo como um sistema solar, constelado de grãos e/ou astros. Em seu todo, há contatos e oposições – entre a geléia da carne, os sucos e o crocante dos caroços, entre os ácidos e doces do sabor, entre sua fragilidade (ah, a sensação de se ter, pegar um tomate na palma da mão) e a resistência acesa da sua pele. Consegue ser rústico, resistente e produtivo. Sem nunca perder a elegância.

O tomate é uma fruta, muitas vezes usada como se fosse legume. Em geral, fruta é a parte comestível da planta que contém sementes, enquanto os vegetais, por exemplo, são comidos por suas folhas, raízes ou talos. Nos Estados Unidos, foi-se até a Corte Suprema para se decidir sobre sua identidade. Afinal, o tomate chegou "importado" da Europa, num curioso caso de deslocamento geográfico e genético: saiu do novo continente, foi transplantado para a Europa e depois exportado para os Estados Unidos, sendo que cada deslocamento implicou mudanças em sua estrutura.

Corria o ano de 1893 quando o procurador da mais alta casa judiciária norte-americana pronunciou-se: "Do ponto de vista botânico, é uma fruta. Mas do ponto de vista dos comerciantes e consumidores é um legume que pode ser consumido cru ou cozido". Aliás, alguns anos antes (em 1820), para convencer os norte-americanos de que o tomate era comestível, o coronel Robert Gibbon Johnson instalou-se nas escadarias do Palácio de Justiça de Salem, New Jersey, e ingeriu uma considerável quantidade de tomates. É bem verdade que morreu, mas só uns trinta anos depois. Com isso, convenceu os que ainda temiam e suspeitavam de que, fosse fruta ou legume, o tomate era perfeitamente comestível.

*Acima:
a venda de
tomates
num mercado
indiano.*

*Ao lado:
tomates-cerejas.*

A maior parte do tomate (de 93% a 95%) compõe-se de água, enquanto 1,5% são fibras. Pouco calórico (14 calorias em 100g), é fonte de vitaminas A e C e, quando comido cru, de vitamina E. Contém frutose, ácido fólico, potássio, cálcio, sais minerais e ácidos considerados afugentadores de cancerígenos. Algumas vitaminas se perdem no cozimento. Tomates crus ou grelhados têm a maior concentração de nutrientes. A cor vermelha vem do licopeno, poderoso antioxidante que combate o efeito dos radicais livres, precursores de ataques do coração e câncer. Os cientistas ainda estão testando a substância em pacientes com câncer de boca, mas desde já aconselham as pessoas a incluir o tomate no cardápio diário. A medicina popular usa suas folhas para fazer chá contra cistite e seu suco para atenuar sintomas de artrite e prisão de ventre. Para ajudar na cura de doenças dermatológicas, o tomate deve ser

cortado ao meio e aplicado diretamente na pele, também em caso de queimaduras do sol, verrugas, calos, hemorróidas e até no combate à caspa e queda de cabelo.

Os principais produtores mundiais de tomate são, por ordem de volume produzido, a China e os Estados Unidos, seguidos pela União Soviética e Itália. No Brasil, a principal região produtora é a Sudeste, com mais de 60% da produção global, seguida pelo Nordeste, Centro-Oeste e Sul. No Estado do Rio de Janeiro acontece a concorridíssima festa do tomate em Paty d'Alferes, que virou atração turística. Segundo Paulo César Tavares de Melo, engenheiro agrônomo da Embrapa – Empresa Brasileira de Pesquisa Agropecuária –, em 1999 produziram-se no Brasil 3.142.855 toneladas de tomates,

enquanto a produção mundial no mesmo ano foi estimada em 90.359.528 toneladas. O tomate é hoje a segunda hortaliça mais cultivada no mundo, só perdendo para a batata.

São tantas as suas espécies que existem bancos de germoplasma, que procuram coletar, descrever, manter e multiplicar a diversidade genética da espécie. Os principais bancos estão nos Estados Unidos, Holanda, Cuba e Rússia. Na França, por curiosidade, o cidadão Louis-Albert de Broglie, no Vale do Loire, criou o Conservatório do Tomate, onde mantém uma das maiores coleções privadas de tomate do mundo, com mais de 450 variedades dos mais diversos tipos.

Pode haver ainda mais, com a ajuda da genética e de outras ciências, para fabricar o produto que o mercado sonha. Tomates longa-vida; tomates para coquetéis, saladas, purês, molhos e sorvetes; tomates orgânicos (sem pesticidas); com sabor intensificado; de forma mais arredondada ou mais comprida, lembrando cereja, pêra ou ameixa; em tonalidades mais douradas, alaranjadas, verdes, vermelhas ou até ligeiramente listradas; com muitas ou poucas sementes, viscosidade média ou alta, carne *al dente* ou mais macia, com melhor resistência ao frio, às pragas e doenças. Já se estuda o encontro genético entre os reinos animal e vegetal.

Para tornar o tomate mais imune ao frio, por exemplo, pesquisa-se a transferência de um gene resistente a baixas temperaturas presente no salmão. Chegaríamos assim ao tomate salmonado.[2] Por hora, no entanto, a busca maior é pelo sabor. Existem tomates lindos, formas impecáveis em várias opções. Mas se o cultivo do tomate hoje permite encontrá-lo em qualquer época do ano – seja fresco, seja enlatado, em purê, concentrado,

---

2. Jean-Luc Danneyrolles, *La tomate*, Ed. Actes Sud.

seco –, a queixa do consumidor é a ausência do cheiro e do gosto do tomate. Nos principais mercados ingleses, há os tomates (mais caros) oferecidos sob o título de *grown for flavour*, isto é, "cultivados para o sabor", numa imagem luxuriante e atraente. De qualquer forma, o tomate aprecia calor e luz direta do sol. No Brasil ele tem isso de sobra, embora sabor não seja o forte do tomate brasileiro. O italiano *San Marzano* é muito apreciado por ter baixa acidez e ser mais doce, como o japonês *Momotaro*, de doçura excepcional.

As flores do tomate são hermafroditas e ele tem sofrido tantos cruzamentos e experiências que cada vez mais apresenta-se sensualmente jovem, definitivamente vermelho e belo. No entanto, corre um risco: sem sabor pungente, não tem alma. Vira tomate desativado. Salva-o sua sociabilidade, isto é, sua capacidade de se dar bem com temperos, ervas, vegetais, massas, carnes e peixes é total. Reina só ou em companhia, tem extensões em outras artes, além da gastronômica.

Serviu de imagem e tema a músicas, crônicas, *happenings*, festas, artes plásticas, filmes: lembra dos "Tomates Verdes Fritos", filme de 1991 estrelado por Jessica Tandy e Kathy Bates? A sopa de tomates foi imortalizada por Andy Warhol, numa instalação contemporânea: "Se pintei quadros com latas de sopa foi porque as consumi durante vinte anos... Pinto os objetos que conheço bem e minha refeição favorita é a sopa de tomate Campbell", explicava o polêmico Warhol. Assim, exposto nos museus, livros, cartazes, publicidades, supermercados e outros templos de consumo, o tomate é um símbolo dos anos recentes.

São infinitas suas possibilidades de receitas. O tomate é hoje, ao lado do pão e do arroz, um

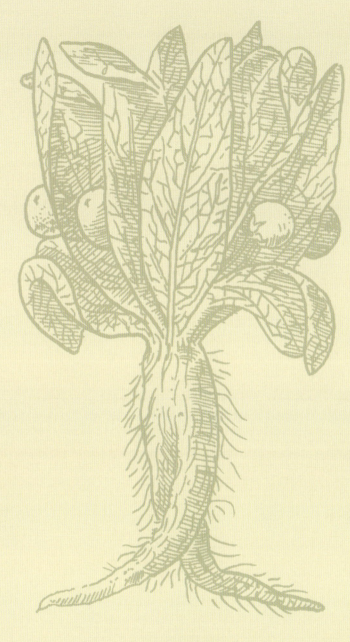

A Mandragora foi durante o século XV associada ao tomate com o estigma de ser planta do Diabo.

dos alimentos mais consumidos no mundo. No entanto, já vimos que nem sempre foi assim. Da mesma família da batata e da berinjela, suas aventuras passaram por muitos níveis. Desde os cheiros de uma plantação e os roubos furtivos das crianças indo chupar os tomates mais adiante, aos preconceitos de que seria planta venenosa. A professora mineira Regina Maria Moraes conta um pouco de sua experiência:

"Quando eu era menina e morava ainda na roça, adorava os tomateiros brotando nos canteiros fofos pelo esterco do curral. Cores lindas, o verde escuro das folhas, a terra negra e o vermelho da fruta. A casa da fazenda ficava em um vale circular, parecia uma cratera de vulcão velhíssimo. O sol se punha cedo. Assim que ele se escondia, minha mãe ia molhar as hortaliças. A água escorria prateada pelas folhas, os frutos ficavam molhados e eu cobiçava mordê-los ali mesmo. Resistia à tentação por medo de ser castigada. Recordo minha mãe encher um pequeno saco de pano de algodão com folhas de tomates e amassá-las com o cabo da faca e depois curar as dores das picadas de abelhas com o sumo que saía das folhas... Engraçado, quantas histórias há por trás de uma fruta."

Outro depoimento, do europeu Giono, em *A serpente de estrelas*:

"Nas manhãs de domingo, toda a cidadezinha preparava sopa de tomates. A fruta cortada ao meio, limpa dos caroços, com um pouco de água, azeite e cebolas rapidamente fritas. Por volta das 11 horas, todas as panelas e marmitas entravam em ação e a vila inteira cheirava à sopa de tomates. Era o odor de domingo, dia mais livre, com direito a uma mesa e a uma mulher com toda sua carne e dignidade."

E o que era fruto assassino passou a alimento indispensável, visceral. O tomate ocupou seu espaço de *best-seller* na gastronomia e, se alguém duvida disso, tente decifrá-lo, morda-o cru, saboreie-o num molho, espante-se com a força do tomate seco, sinta suas potencialidades.

Lembre de Guimarães Rosa em *Grande sertão: Veredas*. A narração de algo que passa de maldito, traiçoeiro – "O diabo na rua, no meio do redemoinho" – para transformar-se em elemento fundamental no *ketchup* cultural do mundo – "Nonada. O diabo não há!... Existe é homem humano. Travessia."

Melhor se feita com tomates. Como na melodia "A fine romance", de Jerome Kern, imortalizada por Fred Astaire e Ella Fitzgerald, entre outros:

A fine romance, with no kisses
A fine romance, my friend this is
We should be like a couple of hot tomatoes
But you're as cold as yesterday's mashed potatoes.

O ideal é vivermos e vibrarmos como tomates quentes e não sermos frios como o purê de batatas de ontem. Somos seres humanos e nossas travessias, com altos e baixos, lembram a saga dos tomates. Aproveitemos!

Maio de 2001

Referências Bibliográficas

Barreira, Roberto – *O tomate* (artigo inédito).
Bareham, Lindsey – *The big red book of tomatoes*. Londres: Penguin Books, 2000.
Croce, Julia Della – *Salse dí pomodoro*. São Francisco: Chronicle Books, 1996.
Danneyroles, Jean-Luc – *La tomate*. Arles: Actes Sud, 1999.
Henning, Jean-Luc – *Dictionnaire littéraire et érotique des fruits et légumes*. Paris: Albin Michel, 1994.
Melo, Paulo Cesar Tavares de – Vários artigos deste engenheiro agrônomo Ph.D., da Embrapa.
Neruda, Pablo – *Odes elementares*. Publicações Dom Quixote.
Rosa, João Guimarães – *Grande sertão: Veredas*. Rio de Janeiro: José Olympio, 1970.
Smith, Jeff – *Frugal gourmet*. Rio de Janeiro: Ediouro, 1996.
Spencer's, Colin – *Vegetable book*. Londres: Conran Octopus, 1996.
Vergé, Roger – *Roger Vergé's vegetables*. Londres: Mitzchell Beazley, 1994.
Wheeler, William – *Lês légumes*. Bergame: Du May, 1996.

San Marzano

Tomates-cerejas

Tomate de Vinha

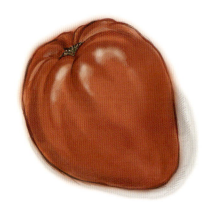
Tomate Beefsteak

Tomate Salada

Tomate Hidropônico

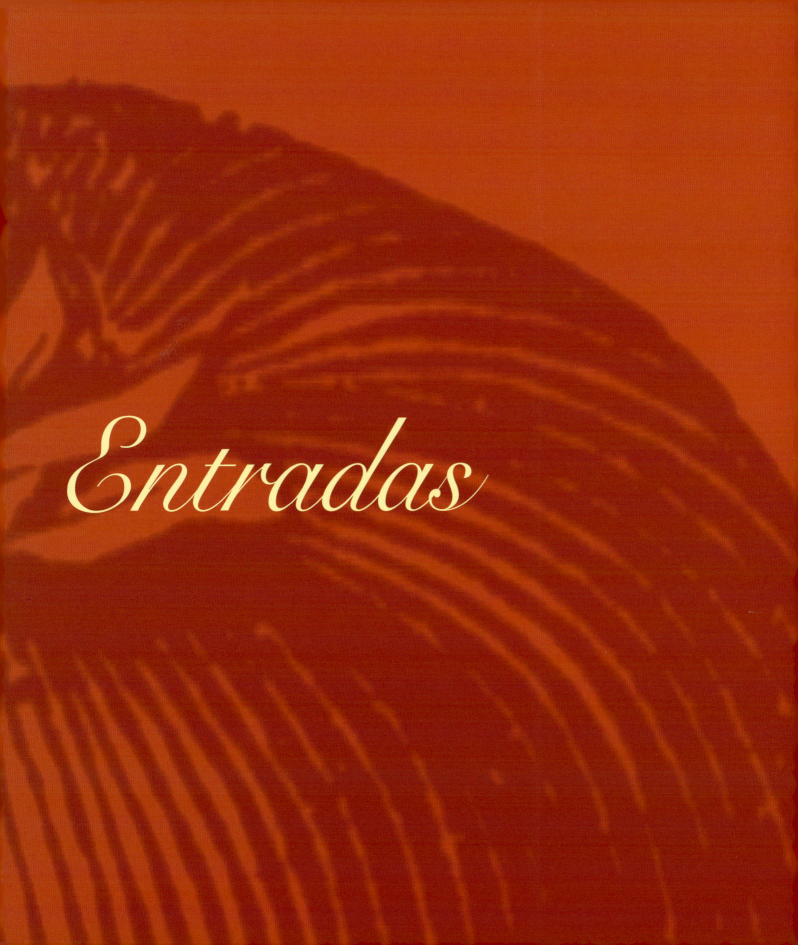

Entradas

1. Fritar os dentes de alho no óleo. Colocar em papel-absorvente.
2. No óleo restante, fritar os cubinhos de pão. Reservar.
3. Bater no liqüidificador o alho e os ovos. Adicionar somente 3 tomates e as fatias de pão embebidas em azeite.
4. Quando tudo estiver bem batido, temperar com o vinagre, o sal e a pimenta e adicionar a água.
5. Na hora de servir, colocar por cima os cubos de pão frito, o pepino cru em cubos e o tomate restante também cortado em cubos.
6. Servir bem frio.

Vinho: Um bom Jerez fará uma parceria atraente com essa combinação de sabores.

Gazpacho

ANTIQUARIUS
São Paulo

50g de alho frito (1 cabeça)

100ml de óleo (10 colheres de sopa)

2 fatias de pão de forma sem casca cortadas em cubinhos e fritas

2 ovos cozidos

320g de tomate sem pele e sem semente (4 unidades médias)

2 fatias de pão de forma embebidas em azeite

50ml de vinagre (5 colheres de sopa)

sal e pimenta-do-reino a gosto

400ml de água (2 copos)

75g de pepino cortado em cubos (1 unidade média)

Utensílios necessários:

papel-absorvente, liqüidificador

1. Branquear as folhas de espinafre: colocá-las em água fervente e, em seguida, em água fria para interromper o cozimento. Reservar.
2. Cortar o tomate em rodelas, retirar a pele e fritar o restante no azeite por cerca de 3 minutos. Reservar.
3. Cortar o queijo *brie* em lascas e reservar.
4. Cortar o alho-poró à juliana (em tirinhas), temperar com sal e pimenta, polvilhar com farinha e fritar o restante no azeite. Reservar sobre toalha de papel.

Preparo da geléia:
1. Levar ao fogo o tomate e o açúcar e cozinhar por mais ou menos 10 minutos. Acrescentar o vinagre, o sal e a pimenta a gosto. Corrigir o açúcar e acrescentar o creme de leite. Reservar.

Montagem:
1. Forrar os aros de 8cm com as folhas de espinafre, colocar uma camada de tomate, uma de lascas de queijo, uma pequena quantidade de geléia de tomate. Repetir a operação e terminar com uma rodela de tomate.
2. Levar ao forno quente por 5 minutos.
3. Desenformar no prato, servir com folhas temperadas. Decorar com o alho-poró frito e o restante da geléia.

Vinho: Apesar de este prato conter alguns ingredientes de paladar forte, o resultado final é amenizado pela geléia dos tomates; um Merlot do Trentino contribuirá para um melhor resultado.

Tomates Verdes Envolvidos em Espinafre e sua Geléia

BISTRÔ D'ACAMPORA

FLORIANÓPOLIS

15 folhas grandes de espinafre

160g de tomate verde

(2 unidades grandes)

20ml de azeite extravirgem

(2 colheres de sopa)

100g de queijo *brie*

1/2 alho-poró, só a parte branca

sal e pimenta-do-reino a gosto

50g de farinha de trigo (1/2 xícara)

8 folhas de alface americana

8 folhas de alface roxa

8 folhas de rúcula

Para a geléia:

160g de tomate maduro, sem pele

(2 unidades grandes)

30g de açúcar (3 colheres de sopa)

10ml de vinagre de vinho branco

(1 colher de sopa)

sal e pimenta-do-reino a gosto

40ml de nata (creme de leite fresco) — 4 colheres de sopa

Utensílios necessários:

toalha de papel, aros de metal de 8cm

1. Arrumar 3 camarões em cada concha-leque.
2. Em cada concha, colocar 1 colher de sopa rasa de manteiga por cima dos camarões.
3. Por cima da manteiga, polvilhar 1 colher de sopa rasa de queijo parmesão.
Obs.: Sempre arrumando cada concha.
4. Temperar o tomate com 1 pitada de sal, 1 pitada de pimenta-branca e azeite.
5. Colocar o tomate temperado por cima do queijo parmesão, cobrindo toda a superfície de cada uma das conchas.
6. Por último, regar o tomate com 1 colher de pisco e depois salpicar com a páprica picante e a salsa desidratada.
7. Levar ao forno por aproximadamente 5 minutos para gratinar.
8. Servir as quatro conchas em uma travessa bonita (preferencialmente preta), decoradas com as folhas de alface crespa e os limões.

Vinho: Prato muito rico em ingredientes de sabores marcantes, o que nos leva a pensar num branco de moderado corpo como um Gewürztraminer.

Conchinhas à Parmegiana de Camarões e Tomates

WANCHAKO
MACEIÓ

12 camarões grandes sem casca, sem cabeça e limpos

50g de manteiga (2 colheres de sopa)

40g de queijo parmesão ralado (4 colheres de sopa)

300g de tomate pelado cortado em cubinhos (4 unidades médias)

1 pitada de sal

1 pitada de pimenta-branca moída

40ml de azeite (4 colheres de sopa)

40ml de pisco (cachaça peruana feita de uva) — 4 colheres de sopa

1 pitada de páprica picante

1 pitada de salsa desidratada

folhas de alface crespa e limões para decorar

Utensílios necessários:

4 conchas-leques grandes

Salada de Tomate com Sumac e Arak

ARÁBIA
São Paulo

Preparo da pasta de alho:

1. Descascar o alho e colocar no liqüidificador.
2. Juntar um pouco de sal e bater até ficar bem fino.
3. Sem parar de bater, adicionar o azeite aos poucos, até que a mistura fique homogênea e não absorva mais óleo.
4. Parar de bater e misturar o suco de limão.

Preparo da salada:

1. Retirar os olhos dos tomates, cortando de forma cônica até o meio, e preencher os orifícios com *arak*.
2. Deixar por 15 minutos para que o tomate absorva a bebida.
3. Colocar a pasta de alho nos mesmos orifícios, nivelando a superfície.
4. Cortar os tomates em quatro pedaços iguais (gomos).
5. Polvilhar com o *sumac* e temperar com o azeite e sal (se necessário).
6. Decorar com as folhas de hortelã e as azeitonas.
7. Servir em seguida.

Vinho: O *arak* e o alho predominantes no prato pedem um bom branco. Pode ser um Pouilly-Fumé ainda jovem, com seus aromas defumados.

Para a pasta de alho:

50g de alho (10 dentes)

sal a gosto

azeite

20ml de suco de limão (2 colheres de sopa)

Para a salada:

400g de tomate-caqui (3 unidades grandes)

80ml de *arak* (bebida árabe) — 8 colheres de sopa

15g de *sumac* (tempero árabe de cor avermelhada) — 2 colheres de sobremesa

azeite

sal a gosto

folhas de hortelã

150g de azeitona preta grande

Utensílio necessário:

liqüidificador

1. Descascar os tomates e retirar as sementes.
2. Cortar os tomates em cubinhos finos (utilizando uma faca bastante amolada para não danificá-los).
3. Colocar os tomates numa tigela e adicionar a cebola, a cebolinha, o alho, a pimenta malagueta, o gengibre e o coentro, picados bem finos.
4. Adicionar o suco de limão, o azeite e o sal. Misturar bem e reservar na geladeira durante 1 hora.
5. Cortar o queijo de coalho em lâminas finas. Recortar em forma triangular.
6. Arrumar as lâminas de queijo no prato, formando a figura de uma estrela. Colocar o *tartar* no centro e decorar com o coentro, as folhas de coentro e as sementes de coentro.

Obs.: O tartar *de tomate deve ser servido bem gelado e acompanhado por uma baguete fatiada.*

Vinho: O pão como sugestão de acompanhamento ajuda a tornar mais prazerosa a degustação, que poderá ser enriquecida com um branco seco da região de Abruzzo, na Itália, da cepa Trebbiano.

Tartar de Tomate sobre Leito de Queijo

Chez Georges

Olinda

320g de tomate de consistência firme (4 unidades médias)

100g de cebola picada (2 unidades médias)

4 cebolinhas picadas

10g de alho picado (2 dentes)

1 pimenta malagueta picada

10g de gengibre picado (1 colher de sopa)

1 haste de coentro picado

suco de 1 limão

30ml de azeite (3 colheres de sopa)

sal a gosto

400g de queijo de coalho fresco

coentro picado, folhas inteiras de coentro e sementes de coentro socadas

para decorar

Musse à Amalfitana

Preparo do camarão:

1. Descascar e lavar bem os camarões com limão.
2. Fazer um refogado com azeite, cebola, alho, sal, pimenta e coentro. Acrescentar a polpa de tomate.
3. Colocar os camarões, tampar a panela e deixar cozinhar por 4 a 5 minutos.

Preparo da musse:

1. Colocar o tomate em água fervente por 1 minuto e depois mergulhar em água fria para soltar a pele.
2. Retirar as sementes dos tomates.
3. Cozinhar os tomates em fogo baixo, mexendo sempre até obter uma consistência de purê.
4. Colocar numa peneira apenas para escorrer o caldo, sem espremer os tomates.
5. Bater o purê de tomate no liqüidificador, acrescentar os ovos inteiros, o manjericão e o sal; bater bem.
6. Despejar o preparo numa tigela e adicionar o creme de leite mexendo com um batedor de arame.

Montagem:

1. Colocar o preparado nas forminhas untadas com azeite e levar ao forno em banho-maria. Depois de 10 minutos, cobrir com papel-alumínio e deixar por mais 30 minutos. Verificar se está cozido e desenformar no prato em que será servido. Enfeitar em volta com os camarões cozidos, os tomates-cerejas e as folhinhas de manjericão.

Vinho: Os aromas certamente são a glória deste prato. A sugestão é um branco com bom frescor e igualmente aromático. Bianco di Custoza, região do Vêneto na Itália.

GIUSEPPE

RIO DE JANEIRO

Para o camarão:

300g de camarão vm

2 limões

20ml de azeite (2 colheres de sopa)

20g de cebola picadinha
(2 colheres de sopa)

10g de alho (2 dentes)

3g de sal (1 colher de café rasa)

1 pitada de pimenta-do-reino

5g de coentro (1 colher de chá)

30g de pura polpa de tomate
(3 colheres de sopa)

24 tomates-cerejas e folhinhas de manjericão para decorar

Para a musse:

500g de tomate maduro
(7 unidades médias)

2 ovos

12 folhas de manjericão

5g de sal (1 colher de chá)

100g de creme de leite fresco
(10 colheres de sopa)

Utensílios necessários:

peneira, liqüidificador, batedor de arame, papel alumínio

1. Cortar uma tampa nos tomates-caqui e retirar as sementes. Reservar.
2. Cozinhar as cavaquinhas sem a casca em uma mistura fervente: água, vinho, louro e grãos de pimenta por, no máximo, 5 minutos. Cortar em cubos e reservar.
3. Cozinhar a carne-seca até perder o sal e ficar macia. Desfiar e fritar no óleo bem quente, até ficar crocante. Deixar esfriar e reservar.
4. Descascar e cortar o melão em cubos pequenos. Deixar escorrer por meia hora. Reservar.

Para o vinagrete:
1. Bater o azeite e o vinagre com um batedor de arame até emulsionar,* e juntar os outros temperos misturando bem, inclusive o líquido do melão. Temperar a gosto com sal e pimenta.
2. Para servir, misturar ao vinagrete a cavaquinha e o melão. Rechear os tomates e salpicar a carne-seca por cima.

***Emulsionar**: incorporar levemente ingredientes líquidos com um batedor de arame.

Vinho: Uma mistura diferente e exótica, que poderá ser enriquecida com um branco seco e de concentração presente, como por exemplo, os da região francesa de Bordeaux.

Praia do Forte

La Via Vecchia
Brasília

320g de tomate-caqui (3 unidades grandes)

220g de cavaquinhas limpas

500ml de água (2 1/2 copos)

100ml de vinho branco (1 copo)

1 folha de louro

5 grãos de pimenta-do-reino

150g de carne-seca desfiada e frita

50ml de óleo de milho (5 colheres de sopa)

150g de melão *orange*

Para o vinagrete de coentro:

50ml de azeite (5 colheres de sopa)

40ml de vinagre de vinho branco (4 colheres de sopa)

5g de coentro em pó (1/2 colher de chá)

1 pitada de cardamomo em pó

gotas de limão

sal e pimenta-do-reino moída na hora a gosto

10g de coentro picado finamente (1 colher de sopa)

Utensílios necessários:

escorredor, batedor de arame

1. Preaquecer o forno à temperatura de 180°C.
2. Lavar e enxugar os tomates. Cortar longitudinalmente as tampas e, com uma colher pequena, esvaziar os tomates, reservando a polpa.
3. Temperar a parte interna com sal e pimenta. Levar ao forno com as tampas em uma travessa refratária previamente untada com azeite por aproximadamente 10 minutos.

Preparo do molho:
1. Picar a cebola e o alho.
2. Cortar a polpa dos tomates em pequenos cubos.
3. Dourar o alho e a cebola numa frigideira com azeite, acrescentar a polpa, as azeitonas, o zimbro, o tomilho e a sálvia.
4. Temperar com sal e pimenta, deixando por aproximadamente 10 minutos em fogo médio.
5. Retirar os tomates do forno e recheá-los até a metade com o molho.
6. Quebrar um ovo dentro de cada tomate e levar novamente ao forno por aproximadamente 15 minutos.
7. Servir quente com o restante do molho.

Vinho: A presença do ovo e das ervas na receita requer um branco com boa estrutura e aromático. Um Chardonnay, californiano.

Ninhos de Tomates à Provençal

La Casserole
São Paulo

360g de tomate bem firme (4 unidades grandes)
sal e pimenta-do-reino a gosto
azeite para untar

Para o molho:
50g de cebola (1 unidade média)
10g de alho (2 dentes)
30ml de azeite (3 colheres de sopa)
polpa de tomate

100g de azeitona preta
12 grãos de zimbro
2 hastes de tomilho
8 folhas de sálvia
sal e pimenta-do-reino a gosto
4 ovos

Utensílio necessário:
1 travessa refratária

1. Colocar o vinagre balsâmico em uma caçarola preaquecida, acrescentando o mel, a manteiga e os tomates-cerejas.
2. Retirar os tomates-cerejas após estarem cozidos, deixando o molho reduzir até obter uma consistência espessa. Reservar.
3. Retirar as peles dos tomates-saladas como se descasca uma laranja e enrolá-las, formando botões de rosa. Reservar.
4. Se o molho ficar muito espesso, colocar um pouco de água para afinar.
5. No centro de cada prato, colocar a alface americana picada, rodeando-a com 1 folha de alface crespa, 1 folha de alface roxa e 4 folhas de endívias.
6. Cobrir as endívias com os tomates-cerejas cozidos e regar as folhas restantes com o molho. Aplicar cada flor de tomate-salada no centro de cada prato sobre a alface americana picada.

Vinho: Uma combinação alegre de folhas e balsâmico, que poderá ser enriquecida com um Frascati, ainda jovem.

Tomates Luentes em Leito de Folhas Verdes

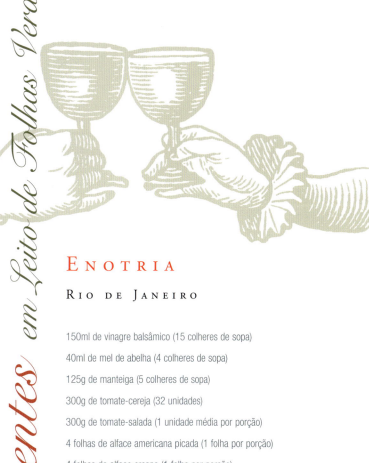

Enotria

Rio de Janeiro

150ml de vinagre balsâmico (15 colheres de sopa)

40ml de mel de abelha (4 colheres de sopa)

125g de manteiga (5 colheres de sopa)

300g de tomate-cereja (32 unidades)

300g de tomate-salada (1 unidade média por porção)

4 folhas de alface americana picada (1 folha por porção)

4 folhas de alface crespa (1 folha por porção)

4 folhas de alface roxa (1 folha por porção)

16 folhas de endívias (4 folhas por porção)

Torta Três Tomates

OFICINA DO SABOR
OLINDA

Preparo da massa:

1. Colocar a farinha em uma bancada de mármore. Fazer uma covinha, acrescentar a manteiga e o ovo e misturar com as pontas dos dedos até formar uma massa homogênea; deixar a massa descansar por 10 minutos.
2. Forrar a fôrma com a massa. Levar ao forno por aproximadamente 10 a 15 minutos. Na hora de assar a massa, encher o miolo da fôrma com grãos de feijão, para evitar que ela cresça eles serão retirados após o cozimento da massa.

Preparo do recheio:

1. Derreter a manteiga em uma panela, juntar o azeite e os tomates pelados. Mexer amassando os tomates comuns cortados em tiras. Mexer e deixar cozinhar bem. Acrescentar o creme de leite. Engrossar com a maisena.
2. No final, acrescentar o queijo coalho cortado em cubos; mexer bem e adicionar o manjericão.
3. Forrar a massa já cozida com o tomate-caqui em rodelas. Em seguida, colocar o recheio. Decorar com fatias de queijo *camembert* e tomates-cerejas. Levar ao forno, até derreter o queijo.

Vinho: Uma combinação de tomates que resulta num prato de boa concentração de sabores. Um Barbera, tinto do Piemonte de meio corpo, tornará a degustação uma agradável experiência.

Para a massa:

1/2kg de farinha de trigo (5 xícaras)
150g de manteiga (6 colheres de sopa)
1 ovo inteiro
grãos de feijão

Para o recheio:

50g de manteiga (2 colheres de sopa)
50ml de azeite (5 colheres de sopa)
300g de tomate pelado em conserva
800g de tomate comum sem pele (11 unidades médias)
250ml de creme de leite (1 lata)
30g de maisena dissolvida em água (3 colheres de sopa)
400g de queijo coalho
1/2 maço de manjericão de folhas largas (1 xícara de chá)
100g de tomate-caqui (1 unidade grande)
200g de queijo *camembert*
200g de tomate-cereja (20 unidades)

Utensílio necessário:

fôrma de fundo removível

Geléia de Tomate com Provolone

1. Ferver os tomates, retirar a pele e as sementes.

2. Numa panela grande, dispor os tomates no fundo, formando uma primeira camada. Cobrir com uma fina camada de açúcar e salpicar com 5 cravos. Formar várias camadas iguais e levar para assar em fogo brando, por cerca de 3 horas. A geléia estará pronta quando houver redução substancial da água eliminada pelo tomate, a cor for vermelha clara brilhante e a consistência, a de uma geléia não muito encorpada. Reservar.

3. Na hora de servir, grelhar o *provolone* cortado em fatias de 2cm de altura, na chapa frisada. Grelhar as fatias dos dois lados.

4. Arrumar porções individuais: em cada prato, colocar uma fatia de *provolone* e cobrir com a geléia de tomate bem quente.

5. Decorar os pratos com folhas de manjericão e o restante dos cravos.

Vinho: A doçura da geléia do tomate, contrabalançada pelo salgado do *provolone*. Para dar harmonia a essa combinação, um branco de doçura sutil, leve e de bons aromas como um Asti, espumante italiano.

La Sagrada Familia

Niterói

1kg de tomate vermelho maduro (12 unidades médias)

250g de açúcar (1 1/2 xícara)

20g de cravos (15 unidades)

500g de *provolone* fresco

folhas frescas de manjericão para decorar

Utensílio necessário:

chapa frisada para grelhar

Tomates Recheados com Suflê de Camembert

1. Cortar as tampas dos tomates e retirar o miolo, deixando-os prontos para receber o suflê.
2. Derreter a manteiga em fogo brando, adicionar a farinha, mexendo até dourar. Colocar o leite aos poucos, mexendo sempre até formar um creme. Juntar a noz-moscada e 100g do queijo tipo *camembert*, temperar com sal e pimenta a gosto e continuar mexendo até derreter o queijo, formando uma massa.
3. Bater as claras em neve.
4. Incorporar levemente as claras em neve à massa do suflê.
5. Distribuir o queijo *camembert* restante no fundo de cada tomate e recheá-lo com o suflê.
6. Polvilhar queijo parmesão e levar ao forno preaquecido a 200°C até dourar o suflê.
7. Servir imediatamente.

Vinho: O *camembert* dá o tom do paladar ao prato. Isso nos leva a pensar num vinho mais maduro para complementar. Essa característica pode ser encontrada num tinto de Pomerol.

400g de tomate maduro e firme
(4 unidades grandes)

25g de manteiga (1 colher de sopa)

20g de farinha de trigo (2 colheres de sopa)

120ml de leite (1 1/2 copo)

noz-moscada ralada a gosto

150g de queijo tipo *camembert*

sal e pimenta-do-reino moída na hora, a gosto

4 claras de ovos

30g de queijo parmesão ralado (3 colheres de sopa)

Marcel
São Paulo

Preparo da sopa:

1. Bater tudo muito bem no liqüidificador.
2. Colocar para gelar por 8 horas.

Preparo do pudim:

1. Bater o peixe no processador. Em seguida, acrescentar os lagostins. Colocar o restante dos ingredientes, até formar uma musse. Passar em uma peneira fina.
2. Untar 4 forminhas de 12cm com manteiga, colocar a musse e levar ao forno (200°C) em banho-maria, cobertas por papel-alumínio, por aproximadamente 20 minutos. Deixar esfriar.
3. Desenformar os pudins em pratos de sopa e colocar a sopa até a metade da altura de cada um deles.
4. Decorar o prato com galhinhos de aneto e tomate-cereja.

Vinho: O *gazpacho* aqui ganhou um aliado, que tornará o gosto do tomate menos presente. Os lagostins darão mais perfume à receita. Podemos fazer uma opção por um branco do Novo Mundo, como um Chardonnay australiano.

Sopa Fria de Tomate com Pudim de Lagostins

RANCHO INN
RIO DE JANEIRO

Para a sopa:

240g de tomate sem pele e sem semente (3 unidades médias)
25g de pimentão vermelho sem pele e sem semente (1/2 unidade média)
75g de pepino sem casca e sem semente (1 unidade média)
25g de cebola (1/2 unidade média)
1/2 talo de aipo
5g de alho (1 dente)
pimenta caiena a gosto
sal e pimenta-do-reino branca a gosto
500ml de água (2 1/2 copos)

Para o pudim de lagostins:

150g de peixe branco
400g de lagostins (sem casca)
150ml de creme de leite (15 colheres de sopa)
2 claras de ovos
sal e pimenta-do-reino branca a gosto
manteiga para untar
galhinhos de aneto e tomate-cereja para decorar

Utensílios necessários:

liqüidificador, processador de alimentos, peneira fina, 4 forminhas de 12cm, papel-alumínio

Preparo do *carpaccio*:

1. Limpar o lagarto, de maneira que ele fique sem gordura e sem nervo nenhum. Manter a forma original arredondada da peça. Embrulhá-la em filme de PVC. Levar ao congelador até endurecer por completo. Retirar um pouco antes de servir. Fatiar no cortador de frios. Se não tiver máquina de cortar frios, é recomendável comprar o *carpaccio* pronto.

Modo de fazer:

1. Retirar as peles e as sementes dos tomates. Cortar ao meio e arrumar numa assadeira. Espalhar as lâminas de alho por cima dos tomates, polvilhando-os com tomilho, pimenta-do-reino e sal a gosto. Regar com azeite. Levar ao forno preaquecido a 180°C, até que o alho fique dourado.
2. Forrar o fundo de cada prato com as fatias do *carpaccio*, temperar com sal e gotas de limão. Arrumar as folhas de rúcula no centro. Em volta, dispor os gomos de mozarela de búfala intercalando com os tomates, que deverão estar cortados em quatro partes. Regar com o molho em que foram assados.

Vinho: O *carpaccio* apresentado com nobres acompanhamentos, que lhe conferem mais sabor. Um belo Dolcetto será o companheiro ideal para este prato.

Pax

Rio de Janeiro

400g de lagarto redondo finamente fatiado ou 4 *carpaccios* de carne

320g de tomate (4 unidades médias)

20g de alho (4 dentes)

4 galhos de tomilho fresco

sal e pimenta-do-reino a gosto

50ml de azeite extravirgem (5 colheres de sopa)

1 limão

24 folhas de rúcula

150g de mozarela de búfala (4 bolas cortadas em 8 gomos cada)

Utensílios necessários:

Filme de PVC, cortador de frios de 1mm de espessura

Carpaccio Doce Fruto

1. Derreter a manteiga em banho-maria e reservar.
2. No processador juntar: os biscoitos, o queijo parmesão, a pimenta moída e as raspas de limão. Processar, passar para outro recipiente e juntar a manteiga derretida, misturando bem.
3. Com essa mistura, forrar o fundo de uma fôrma de abrir de 20cm de diâmetro; deixar descansar na geladeira.
4. Numa frigideira, aquecer o azeite, juntar o alho-poró, deixando-o cozinhar por uns 3 minutos, até amolecer. Acrescentar a cebolinha, os tomates e os tomates secos. Deixar cozinhar em fogo médio-alto, por 5 minutos, mexendo de vez em quando. Polvilhar com a farinha, misturar tudo e deixar esfriar.
5. No processador, bater o *cream cheese* por 1 minuto; juntar o creme de leite, os ovos inteiros e a gema e bater por 1 minuto. Acrescentar o preparado de tomates e bater por mais 1 minuto. Com uma espátula de borracha, raspar bem os lados do processador, temperar com sal e pimenta e bater por mais 30 segundos.
6. Cobrir a massa já preparada com o recheio e assar por 40 a 50 minutos, no máximo, em forno preaquecido (180°C) ou até que as bordas estejam levemente altas e o centro ainda um pouco mole.
7. Retirar do forno, deixar esfriar e levar à geladeira por, no mínimo, 6 horas antes de servir.

Preparo do *coulis*:
1. Juntar os tomates, o sal, a pimenta e o tabasco no liqüidificador, bater e, quando a mistura já estiver homogênea, acrescentar — com o liqüidificador ligado — o azeite, batendo mais um pouco para unir tudo.
2. Desenformar a torta, passá-la para um prato de serviço, decorar com folhas de rúcula e servir à parte o *coulis* de tomates frescos.

Vinho: A combinação de diferentes ingredientes exige atenção. No resultado final, predomina o tomate com sua acidez controlada. Para conviver com esse desafio, um Espumante *brut*, da região da Lombardia.

Torta de Tomates e Queijo Branco

Mistura Fina
Rio de Janeiro

50g de manteiga (2 colheres de sopa)

60g de *cream crackers* integral (9 biscoitos)

20g de queijo parmesão ralado (2 colheres de sopa)

5g de pimenta-do-reino moída na hora (1/4 de colher de chá)

20g de raspas de casca de limão (1 colher de chá)

25ml de azeite extravirgem (2 1/2 colheres de sopa)

1 alho-poró picado (só a parte branca)

2 talos de cebolinha verde picada

600g de tomate sem pele e sem semente picado (7 unidades grandes)

100g de tomate seco

20g de farinha de trigo (2 colheres de sopa)

300g de queijo tipo *cream cheese*

60ml de creme de leite fresco (6 colheres de sopa)

2 ovos

1 gema

sal e pimenta-do-reino a gosto

folhas de rúcula para decorar

Para o *coulis*:

250g de tomate sem pele e sem semente (3 unidades médias)

sal e pimenta-do-reino a gosto

gotas de tabasco

25ml de azeite extravirgem (2 1/2 colheres de sopa)

Utensílios necessários:

processador de alimentos, fôrma de abrir com 20cm de diâmetro, liqüidificador

49

Mil-Folhas de Tomate e Atum

1. Cortar a cebola e a berinjela em rodelas finas do mesmo tamanho.
2. Adicionar o sal e a pimenta e banhar com o azeite aromatizado.
3. Grelhar as verduras e os legumes de ambos os lados e reservar na geladeira.
4. Fatiar o atum finamente, colocar sal, pimenta, untar com azeite e grelhar levemente (passar rapidamente) em uma frigideira, deixando-o cru por dentro. Reservar na geladeira.
5. Cortar os tomates em rodelas finas (iguais às da cebola e da berinjela) e começar a intercalar, dentro do aro, fatias de tomate, cebola, berinjela e as folhas de manjericão, regando com o azeite aromatizado. Continuar com as fatias de atum e repetir a operação mais uma vez, finalizando com a fatia de tomate. Colocar um peso em cima e deixar na geladeira por, pelo menos, 1 hora.
6. Preparo do creme: misturar bem todos os ingredientes (menos o queijo) e deixar descansar por 24 horas.
7. Coar o molho. Incorporar o queijo e misturar bem. Bater no *mixer* à velocidade média, até obter um molho cremoso (colocar mais queijo ou mais água se necessário).
8. Preparo do *coulis* de tomate: esquentar o azeite, misturar o alho e o gengibre e dourar. Acrescentar o tomate e o caldo de frango, saltear* e deixar cozinhar em fogo brando por 10 minutos.
9. Bater no liqüidificador, passar no coador e corrigir o sal.
10. Tirar os aros de tomate e atum da geladeira e escorrer o excesso de azeite.
11. Colocá-los no meio do prato, retirar os ingredientes do aro e servir com o creme de queijo de cabra e limão e o *coulis* de tomate e gengibre.

***Saltear**: fazer uma breve fritura, com o utensílio em movimento, de forma que o alimento não esteja permanentemente em contato com o fundo da panela.

Vinho: Variação de ingredientes, com o atum presente no paladar final. Pede um vinho de estrutura mediana, no qual não se destaque o tanino. Um Merlot do Novo Mundo seria uma ótima escolha.

SPLENDIDO RISTORANTE
Belo Horizonte

Para o mil-folhas:

420g de cebola (4 unidades grandes)
150g de berinjela (3 unidades médias)
300g de lombo de atum fresco
sal e pimenta-do-reino moída na hora a gosto
500ml de azeite extravirgem aromatizado com alho, tomilho e alecrim
250g de tomate (3 unidades médias) (procurar usar os legumes em pedaços do mesmo tamanho)
1 maço de manjericão de folhas largas

Para o creme:

12ml de suco de limão (1 colher de sopa)
12ml de molho de soja (1 colher de sopa)
60g de açúcar (6 colheres de sopa)
25ml de molho *nam pla* (molho de peixe tailandês) — 2 1/2 colheres de sopa
10ml de água mineral (1 colher de sopa)
gotas de tabasco
70g de raspas da casca de limão (7 colheres de sopa)
40g de gengibre triturado em pasta (4 colheres de sopa)
30g de alho triturado em pasta (3 colheres de sopa)
200g de queijo de cabra cremoso fresco

Para o *coulis* de tomate:

20ml de azeite extravirgem (2 colheres de sopa)
5g de alho triturado (1 dente)
15g de gengibre triturado (1 1/2 colher de sopa)
180g de tomate sem pele, sem semente e cortados em cubos (2 unidades grandes)
80ml de caldo de frango (1/2 xícara)
sal a gosto

Para o caldo de frango (1 litro):

200g de carcaça de frango
50g de cebola (1 unidade média)
50g de cenoura (1 unidade média)
1 folha de louro
10g de alho (2 dentes)
2 galinhos de salsa
500ml de água (2 1/2 copos)
Cozinhar por 30 minutos em fogo alto e depois coar.

Utensílios necessários:

coador, *mixer*, liqüidificador, 6 aros de metal ou plástico de 5cm de diâmetro

51

1. Abrir cada tomate pela parte de cima, retirar todas as sementes, escorrer e reservar.
2. Utilizar somente as folhas e os talos mais tenros do jambu.
3. Em um liqüidificador ou processador de alimentos, fazer o *pesto* usando todo o jambu, as castanhas (reservando duas) e o azeite. Quando a mistura estiver bem homogênea, juntar, fora do liqüidificador, 80g do queijo parmesão.
4. Rechear os tomates com o *pesto*. Ralar o parmesão e as castanhas restantes e colocá-los por cima dos tomates.
5. Em um tabuleiro untado com azeite, levar os tomates recheados para assar em forno médio (220°C), por aproximadamente 5 minutos. Depois de assados, gratinar.
6. Em pratinhos individuais e sobre uma cama de folhas com três cores, servir o tomate com um fio de azeite.

Vinho: A receita com jambu revela muita estrutura em seu sabor final. Um Cabernet Sauvignon da África do Sul enriquecerá essa combinação de ingredientes.

Tomates ao Pesto de Jambu

LÁ EM CASA
BELÉM

640g de tomate (4 unidades de 160g cada)
1 maço de jambu (folha típica do Pará, muito usada no "Pato com Tucupi")
120g de castanha-do-pará
100ml de azeite (10 colheres de sopa)
100g de queijo parmesão (10 colheres de sopa)

sal a gosto
folhas para decorar (alface americana, roxa, crespa etc.)

Utensílio necessário:
liqüidificador ou processador de alimentos

53

Massas

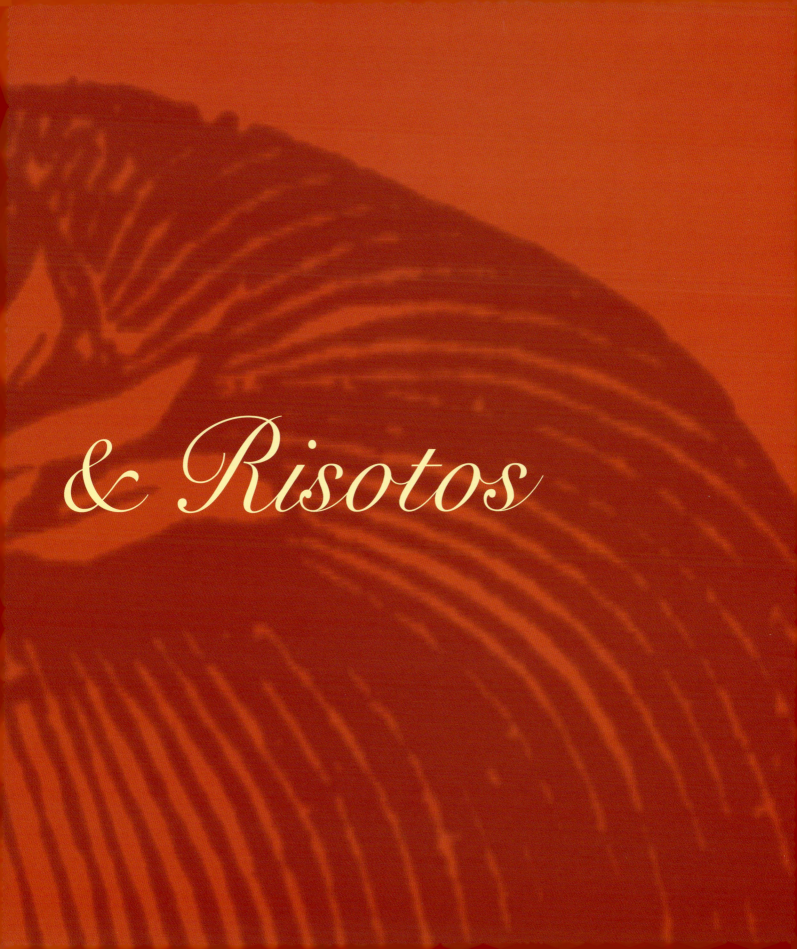
& Risotos

1. Cortar os tomates em quatro, retirar as sementes, passar no liqüidificador e depois na peneira. Emulsionar* com a metade do azeite, sal e pimenta e reservar na geladeira.

2. Lavar com cuidado os frutos do mar e salteá-los** em uma frigideira com o restante do azeite e o alho amassado. Juntar o caldo de peixe.

3. Cozinhar a massa *al dente* em bastante água salgada, escorrer e misturar aos frutos do mar. Reservar um pouco da água do cozimento da massa para agregar ao molho *pesto*, para afiná-lo.

Preparo do *pesto*:

1. Com um *mixer* ou batedor, juntar as folhas de manjericão, o alho previamente socado e 1 colher de azeite. Mexer bem devagar, para picar as folhas sem esquentar o azeite. Adicionar, aos poucos, os queijos, os *pinoli* e ir acrescentando o azeite, batendo de maneira que a mistura fique cremosa e homogênea. Reservar o restante do *pesto* para outros fins.

Montagem:

1. Colocar o creme de tomate nos pratos, com a massa no centro. Decorar em volta com o *pesto* diluído e servir regando com um fio de azeite.

*__Emulsionar__: incorporar levemente ingredientes líquidos com um batedor de arame.

**__Saltear__: fazer uma breve fritura, com o utensílio em movimento, de forma que o alimento não fique permanentemente em contato com o fundo da panela.

Vinho: Uma bela combinação de aromas e sabores do mar. Como parceiro, nada melhor do que um belo e jovial Chablis.

Tagliatelle Verde com Pequenos Frutos do Mar e Creme Frio de Tomates

ARLECCHINO

RIO DE JANEIRO

640g de tomate maduro (8 unidades médias)

100ml de azeite extravirgem (10 colheres)

sal e pimenta-do-reino a gosto

5g de alho (1 dente)

150g de vôngole sem casca

100g de ostras sem casca

100ml de caldo de peixe reduzido (1/2 copo)

160g de *tagliatelle* verde ao ovo

Para o *pesto*:

20 folhas largas de manjericão (não lavar as folhas, limpá-las com miolo de pão úmido)

5g de alho socado (1 dente)

20ml de azeite extravirgem (2 colheres de sopa)

10g de queijo parmesão tipo *reggiano* ralado (1 colher de sopa)

10g de queijo *pecorino* ralado (1 colher de sopa)

15g de *pinoli*

Utensílios necessários:

liqüidificador, peneira, escorredor, *mixer* ou batedor de arame

1. Cozinhar o *fettuccine* em água fervente com sal durante o tempo necessário para ficar *al dente*.
2. Enquanto a massa cozinha, picar o alho bem fino, os tomates secos em tiras; temperar a ricota com sal e pimenta a gosto.
3. Refogar o alho no azeite até dourar e acrescentar os tomates secos. Hidratar com o vinho e, em seguida, adicionar o *fettuccine* cozido e misturar.
4. Servir em pratos individuais, polvilhando cerca de 100g de ricota temperada em cada prato. Decorar fartamente com as folhas de rúcula.

Vinho: Um Nebbiolo, vinho do Piemonte de médio corpo, formará, juntamente com o tomate seco, a ricota e a rúcula, um belo conjunto.

320g de *fettuccine* de grão duro

3 litros de água

30g de sal para cozinhar a massa

40g de alho (8 dentes)

200g de tomate seco temperado

200g de ricota

sal e pimenta-do-reino a gosto

150ml de azeite extravirgem (15 colheres de sopa)

400ml de vinho branco seco (2 copos)

40 folhas de rúcula

Fettuccine com Tomates Secos e Ricota

Dom Giuseppe

Belém

1. Desossar os peitos de perdiz. Reservar a carne e os ossos para fazer o caldo.
2. Preparar o caldo de perdiz com os ossos em 1 1/2 litro de água. Deixar ferver.
3. Fritar levemente os peitos de perdiz desossados na manteiga, juntamente com o alho e o alecrim.
4. Em uma panela, dourar a cebola, previamente picada, no restante da manteiga. Adicionar o arroz e refogar levemente. Acrescentar os tomates sem pele e cortados em cubinhos. Adicionar o vinho e, aos poucos, o caldo de perdiz (sem os ossos). Deixar cozinhar por 10 minutos e colocar os peitos de perdiz desfiados. Após refogar por mais 10 minutos, à medida que o risoto for perdendo a água, adicionar o caldo. Antes de retirar do fogo, acrescentar a metade da manga em cubinhos e o tempero verde. Temperar com sal e pimenta a gosto.
5. Decorar o prato com o restante da manga e o queijo parmesão.

Vinho: A presença da manga na confecção do risoto, e depois como parte da decoração, dará ao prato sabor marcante da doçura da fruta. Essa combinação dos ingredientes pede um tinto de bons aromas, mas que não seja dominante: um Pinot Noir da Nova Zelândia, ainda jovem.

Risoto de Tomate, Perdiz e Manga

8 peitos de perdiz

1 1/2 litro de água para o caldo

50g de manteiga (2 colheres de sopa)

10g de alho (2 dentes)

1 galho de alecrim fresco

50g de cebola (1 unidade média)

320g de arroz *arborio* (3 xícaras)

800g de tomate (10 unidades médias)

100ml de vinho tinto (1/2 copo)

350g de manga (1 unidade grande)

tempero verde, sal e pimenta-do-reino a gosto

50g de queijo parmesão ralado (5 colheres de sopa)

Il Tramezzino Di Paolo

Novo Hamburgo

1. Colocar os cogumelos de molho em 300ml de água por cerca de 20 minutos. Depois, escorrer bem a água, reservando uma parte dela.
2. Cozinhar a massa até atingir o ponto *al dente*.
3. Esquentar a manteiga em uma frigideira e dourar a cebola. Acrescentar o cogumelo com um pouco da água em que ele estava de molho. Em seguida, adicionar o creme de leite. Temperar com sal e pimenta. Por último, acrescentar o *penne*, os tomates secos e o queijo já ralado.
4. Decorar com salsa picada e servir imediatamente, bem quente.

Vinho: A presença do creme de leite nos permite indicar um tinto. Um Chianti Classico Riserva estará em harmonia.

Penne ao Tomate Seco e Porcini

Galani

Rio de Janeiro

100g de cogumelo *porcini*

300ml de água para hidratar os cogumelos (1 1/2 copo)

320g de *penne*

3 litros de água para cozinhar o *penne*

80g de manteiga (3 colheres de sopa)

50g de cebola (1 unidade média)

350g de creme de leite fresco

sal e pimenta-do-reino moída a gosto

100g de tomate seco

120g de queijo parmesão ralado (12 colheres de sopa)

40g de salsa (1/2 maço)

Utensílios necessários:

escorredor, frigideira

1. Retirar a tampa superior dos tomates e remover a polpa.
2. Temperar o interior dos tomates com um pouco de sal e colocá-los de cabeça para baixo em uma grade, deixando escorrer a água. Reservar.
3. Bater a polpa de tomate no liqüidificador junto com o restante dos ingredientes, menos o arroz. Corrigir o tempero, colocar 1 1/2 colher de arroz em cada tomate, encher com o líquido obtido no liqüidificador e misturar.
4. Recolocar a tampa no lugar, envolta em papel-alumínio, para não queimar quando os tomates forem ao forno.
5. Depositar o restante do líquido em uma assadeira, colocar por cima os 4 tomates e levar ao forno médio preaquecido por 30 a 45 minutos, até ficarem cozidos.

Vinho: Um delicado prato, de paladar equilibrado pela presença do arroz. Para não deixar escapar essa delicadeza, um Merlot chileno. Aromas alegres e corpo delicado.

Tomates-Maçãs Recheados de Arroz

DONA DERNA
BELO HORIZONTE

320g de tomate-maçã grande, maduro e firme (4 unidades)

sal e pimenta-do-reino a gosto

80ml de azeite extravirgem (8 colheres de sopa)

10 folhas de manjericão

20g de salsa (1/4 de maço)

150g de arroz *arborio* (1 1/2 xícara)

Utensílios necessários:

liqüidificador, papel-alumínio, assadeira

1. Assar a batata com casca, descascar e passar na peneira.
2. Acrescentar a farinha, o ovo, 40g de parmesão ralado, a salsa e temperar com sal, pimenta e noz-moscada.
3. Temperar o tomate com sal e pimenta.
4. Forrar um tabuleiro com o tomate, cobrir com azeite e levar ao forno por 2 horas a 70°C.
5. Escorrer bem os tomates e cortá-los em cubos.
6. Em uma frigideira, refogar no azeite o alho, a cebola e os tomates. Acrescentar o manjericão e o restante do parmesão, ralado na hora.
7. Abrir a massa de nhoque com um rolo e rechear com o preparado de tomate. Cortar em forma de meia-lua.
8. Cozinhar em água quente com sal por 3 ou 4 minutos
9. Colocar o molho de tomate no fundo do prato e cobrir o nhoque.
10. Cortar o parmesão em lâminas e jogar por cima e gratinar.
11. Na hora de servir, colocar por cima a *pancetta* frita e decorar com folhas de manjericão.

Vinho: O paladar do nhoque e dos tomates está em perfeita harmonia. Um Cabernet Sauvignon, da região italiana da Lombardia, complementará muito bem o prato, pois tem bom corpo e é rico em aromas.

Nhoques Recheados com Geléia de Tomates

Vecchio Sogno

Belo Horizonte

600g de batata (6 unidades médias)

250g de farinha de trigo (2 1/2 xícaras)

1 ovo

90g de queijo parmesão (9 colheres de sopa)

3 galhos de salsa

sal, pimenta-do-reino e noz-moscada a gosto

600g de tomate sem pele e sem semente (8 unidades médias)

500ml de azeite extravirgem (2 1/2 copos)

25g de alho (5 dentes)

30g de cebola picada (1 unidade pequena)

5 galhos de manjericão picado a gosto

150ml de molho de tomate com manjericão (1 1/2 copo)

80g de *pancetta* (toucinho italiano não defumado) em cubos frita

2 ramos de manjericão de folhas largas para decorar

Utensílios necessários:

peneira, escorredor, rolo de abrir massa

1. Escaldar os lagostins por alguns minutos em uma panela com bastante água fervente.
2. Escorrer e cortar em pedaços menores e reservar.
3. Picar a cebola e o talo de salsão.
4. Em uma panela média, colocar o azeite, em fogo baixo e cozinhar o salsão e a cebola, até ficarem macios e translúcidos.
5. Nesse meio tempo, retirar os lagostins da casca e misturar com o salsão e a cebola, na panela.
6. Flambar os lagostins com o conhaque e, em seguida, juntar os tomates picados e deixá-los cozinhar em fogo baixo por mais alguns minutos até secar a água do molho. Corrigir o sal e acrescentar a cebolinha picada e a salsa.
7. Cozinhar a massa em bastante água fervente com sal e escorrer quando estiver *al dente*. Colocar a massa na panela com o molho, aquecer e servir imediatamente.

Vinho: Para deixar essa combinação mais rica de aromas e realçar seus sabores, um sutil Sauvignon Blanc da Nova Zelândia.

Tagliolini com Tomates e Lagostins

VINHERIA PERCUSSI
São Paulo

500g de lagostins (10 unidades)

80g de cebola (1 unidade grande)

1 talo de salsão

80ml de azeite (8 colheres de sopa)

50ml de conhaque (5 colheres de sopa)

1kg de tomate sem pele e sem semente (14 unidades médias)

salsa, cebolinha verde e sal a gosto

240g de *tagliolini* fresco

Utensílio necessário:

escorredor

Creme de Tomate com Garganelli e Molho de Anchovas e Pimentões

Preparo do creme:

1. Deixar os tomates por alguns minutos em água fervente, escorrer a água e cortar. Dividi-los ao meio, tirar as sementes e cortá-los em cubinhos de tamanho médio.

2. Em uma caçarola, derreter a manteiga, colocar o dente de alho e os tomates. Deixar os tomates pegarem sabor por alguns minutos, corrigir o sal e a pimenta. Adicionar o vinho e deixar cozinhar por 5 minutos. Desligar, aromatizar com o manjericão fresco, retirar o dente de alho e passar no processador de alimentos até obter o creme.

Preparo do molho:

1. Lavar os pimentões e assá-los no forno bem quente, virando várias vezes até que a casquinha comece a levantar. Fechá-los em um saquinho de papel e deixá-los quase resfriar em temperatura ambiente. Depois de descascá-los, cortar em cubinhos. Levar ao fogo o creme de leite e o alho até à fervura. Baixar o fogo, ferver por dois minutos até engrossar. Retirar o alho, corrigir o sal e a pimenta. Em outra caçarola, aquecer o azeite, acrescentar os filés de anchova e amassá-los com um garfo. Levá-los ao fogo no alho, juntar os pimentões, aromatizar com orégano, sal a gosto, salsa e cozinhar por quatro minutos.

2. Cozinhar a massa em bastante água com sal, deixando-a *al dente*. Escorrer e depois despejar o molho de creme, mexendo bem. Em seguida, levá-la à caçarola dos pimentões.

3. Montar o prato, formando um círculo com o creme de tomate, como se fosse uma coroa, colocando a massa no centro. Servir com parmesão.

Vinho: Um prato de intensos sabores e aromas que requer um tinto de aromas persistentes e características marcantes na boca: um Cabernet Sauvignon australiano de boa evolução.

Para o creme:
400g de tomate maduro tipo *San Marzano* (4 unidades grandes)
30g de manteiga (1 colher de sopa bem cheia)
5g de alho (1 dente)
sal e pimenta-do-reino a gosto
50ml de vinho branco seco (5 colheres de sopa)
1 maço de manjericão

Para o molho:
50g de pimentão vermelho (1 unidade)
50g de pimentão amarelo (1 unidade)
150g de creme de leite
20g de alho (4 dentes)
sal e pimenta-do-reino a gosto
50ml azeite (5 colheres de sopa)
100g de filé de anchova em azeite
1 pitada de orégano de oliva (6 unidades)
1 pitada de salsa picada

350g de *garganelli*
queijo parmesão

Utensílios necessários:
escorredor, 2 caçarolas, processador de alimentos

FAMIGLIA CALICETI-BOLOGNA
CURITIBA

1. Caldo: levar todos os ingredientes ao fogo alto até ferver. Cozinhar por 1 hora em fogo baixo, retirando a espuma que vai se formando. Passar tudo no coador. Reservar.
2. Numa panela, colocar 2 colheres de sopa de manteiga, a cebola e o alho picado. Refogar por 1 minuto, juntar o arroz e refogar por mais 1 minuto. Acrescentar o vinho e deixar secar.
3. Em seguida, ir despejando o caldo de peixe, para iniciar o cozimento, mexendo sempre.
4. À parte, cortar em pedaços e refogar as lagostas e o alho amassado em 1 colher de sopa de manteiga. Acrescentar o conhaque e deixar flambar.
5. Após reduzir, corrigir o sal e a pimenta.
6. Após 15 minutos de cozimento do arroz, juntar as lagostas já refogadas e continuar mexendo (manter o cozimento por mais uns 8 minutos).
7. Quando o arroz estiver *al dente*, acrescentar 2 colheres de sopa de manteiga e o queijo parmesão.
8. Juntar quantidades suficientes de cada erva (sem picar) e fritar em azeite, até ficarem crocantes. Retirar e colocar no papel absorvente. Reservar.
9. Concentrado do tomate: em uma panela grande, colocar os tomates com casca, cortados em 4 pedaços, a cebola, a cenoura e o salsão picados grosseiramente. Levar ao fogo baixo e deixar cozinhar por 1 hora. Na metade do tempo, corrigir o sal e, se necessário, adicionar um pouco de açúcar para diminuir a acidez. Retirar do fogo e bater tudo no liqüidificador até formar um molho homogêneo. Passar na peneira fina e levar novamente ao fogo, cozinhando por mais 20 a 30 minutos, até obter uma consistência densa.
10. Colocar 1 concha de molho no fundo do prato. Arrumar o risoto e as ervas por cima.

Vinho: A combinação dos ingredientes, aliada aos sabores das ervas, finaliza com muitos aromas e paladar marcante. Um branco potente, concentrado e rico em aromas, como um Chardonnay barricado da Toscana, será o ideal.

Risoto em Branco com Caudas de Lagostas e Tomates

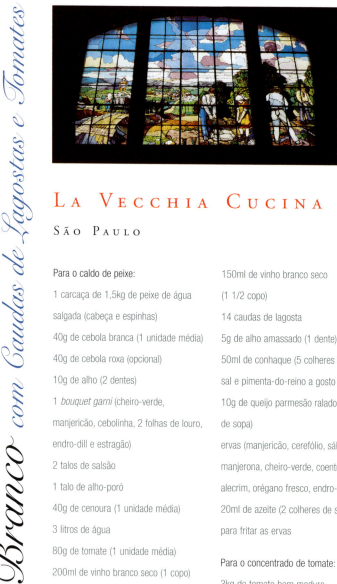

La Vecchia Cucina
São Paulo

Para o caldo de peixe:

1 carcaça de 1,5kg de peixe de água salgada (cabeça e espinhas)

40g de cebola branca (1 unidade média)

40g de cebola roxa (opcional)

10g de alho (2 dentes)

1 *bouquet garni* (cheiro-verde, manjericão, cebolinha, 2 folhas de louro, endro-dill e estragão)

2 talos de salsão

1 talo de alho-poró

40g de cenoura (1 unidade média)

3 litros de água

80g de tomate (1 unidade média)

200ml de vinho branco seco (1 copo)

15 a 20 grãos de pimenta-do-reino

6 grãos de cardamono

6 grãos de zimbro

20g de sal grosso (2 colheres de sopa)

200g de manteiga (8 colheres de sopa)

80g de cebola ralada (1 unidade grande)

5g de alho picado (1 dente)

400g de arroz *arborio* (4 xícaras)

150ml de vinho branco seco (1 1/2 copo)

14 caudas de lagosta

5g de alho amassado (1 dente)

50ml de conhaque (5 colheres de sopa)

sal e pimenta-do-reino a gosto

10g de queijo parmesão ralado (1 colher de sopa)

ervas (manjericão, cerefólio, sálvia, manjerona, cheiro-verde, coentro, alecrim, orégano fresco, endro-dill)

20ml de azeite (2 colheres de sopa) para fritar as ervas

Para o concentrado de tomate:

3kg de tomate bem maduro

50g de cebola (1 unidade média)

50g de cenoura (1 unidade média)

4 talos de salsão

sal a gosto

20g de açúcar (2 colheres de sopa)

Utensílios necessários:

coador, papel absorvente, liqüidificador, peneira

Nhoque Mediterrâneo

PORTUGALLIA

BELO HORIZONTE

Preparo da massa:

1. Misturar as batatas cozidas e espremidas com o tomate em conserva sem o líquido e acrescentar a farinha aos poucos até obter uma massa firme.
2. Enrolar a massa e cortar os nhoques com mais ou menos 1,5cm.
3. Cozinhar em uma panela grande com bastante água fervente, até que subam à superfície.

Preparo do molho:

1. Refogar o alho no azeite e, antes que fique dourado, acrescentar o tomate pelado em conserva picado, o manjericão e a noz-moscada. Deixar cozinhar por aproximadamente 15 minutos, mexendo de vez em quando. Corrigir o sal e a pimenta.
2. Cortar a mozarela de búfala em pedaços pequenos. Misturar rapidamente ao molho. Polvilhar o parmesão ralado e o manjericão picado e servir imediatamente.

Vinho: O sabor do tomate aqui suavizado pela mozarela de búfala resulta num atraente e equilibrado paladar. Um bom Pinot Noir da região da Borgonha será o tinto ideal.

Para a massa:

500g de batata (5 unidades médias)
250g de tomate pelado em conserva (1 lata)
150g de farinha de trigo (1 1/2 xícara)

Para o molho:

15g de alho cortado em fatias finas (3 dentes)
20ml de azeite (2 colheres de sopa)
500g de tomate pelado em conserva (2 latas)
40g de manjericão (2 colheres de sopa)
1 pitada de noz-moscada
sal e pimenta-do-reino a gosto
300g de mozarela de búfala
queijo parmesão a gosto
manjericão picado para decorar

Utensílio necessário:

espremedor de batatas

1. Em uma frigideira, aquecer a manteiga e adicionar o alho e a salsa. Juntar o peito da galinha-d'angola em cubos, o sal e a pimenta.
2. Cozinhar por alguns minutos até o peito de galinha ficar bem consistente. Reservar.
3. Numa panela à parte, misturar o suco de tomate com o caldo de frango, mantendo o preparado aquecido em fogo baixo.
4. Numa caçarola funda, juntar o azeite, a cebola e o alho e deixar dourar por alguns minutos.
5. Acrescentar o arroz, deixando-o fritar e mexendo sempre com uma colher de pau.
6. Em seguida, adicionar o vinho e mexer até quase evaporar. Baixar o fogo e começar a acrescentar o caldo de frango em ponto de fervura (já misturado ao suco de tomate) ao arroz até cobri-lo. À medida que for secando, continuar acrescentando o caldo de frango, mexendo sempre.
7. Na metade do cozimento, acrescentar os cubos da galinha-d'angola e os tomates secos. Deglaçar* a frigideira na qual a galinha foi dourada com um pouco do caldo e acrescentar ao risoto. Se necessário, corrigir o sal e a pimenta preta.
8. O risoto estará pronto quando o arroz estiver *al dente*. Neste ponto, desligar o fogo e acrescentar os tomates-cerejas fatiados, o parmesão e misturar muito delicadamente.
9. Arrumar em pratos fundos, de preferência aquecidos, e decorar com ramos do manjericão. Servir imediatamente.

Obs.: *Quando o arroz estiver* al dente, *parar de adicionar o caldo para que não fique empapado. O correto é que ele fique cremoso.*

*__Deglaçar__: fazer um fundo com o restante das carnes que ficam grudadas nas panelas ou nos utensílios de cozimento, juntando um pouco de vinho, líquido aromático ou água.

Vinho: Um Brunello di Montalcino formará um bom conjunto. Personalidade marcante no prato e no vinho.

Risoto de Galinha-d'Angola ao Trio de Tomates

LA GONDOLA

TERESINA

75g de manteiga (3 colheres de sopa)
10g de alho esmagado (2 dentes)
30g de salsa picada
400g de peito de galinha-d'angola cortado em cubos
sal e pimenta preta moída na hora
400ml de suco de tomate peneirado
750ml de caldo de frango (4 1/2 copos)
30ml de azeite extravirgem (3 colheres de sopa)
50g de cebola picada em pedaços pequenos (1 unidade média)

alho a gosto
300g de arroz *arborio* (3 xícaras)
200ml de vinho branco (1 copo)
100g de tomate seco picado (3 colheres de sopa)
16 tomates-cerejas sem pele e sem semente partidos ao meio
80g de queijo parmesão ralado na hora (8 colheres de sopa)
ramos de manjericão fresco para decorar

Utensílios necessários:
frigideira, peneira, 1 caçarola funda

Quiche de Tomate e Shiitake

Preparo da massa:

1. Aquecer o leite junto com o azeite.
2. Colocar num recipiente a farinha, o fermento e o sal.
3. Adicionar aos poucos o líquido até formar uma massa homogênea.
4. Deixar repousar por meia hora e abrir em forminhas individuais para *quiche*.

Preparo do recheio:

1. Marinar os tomates com as ervas aromáticas e o azeite por 1 hora.
2. Refogar o *shiitake* cortado em tirinhas com a manteiga, as anchovas e as alcaparras.
3. Misturar o queijo com o creme de leite, o ovo e o sal.
4. Juntar a mistura do queijo com o *shiitake*.
5. Encher as forminhas com o recheio acima e arrumar um leque de tomates marinados por cima.
6. Assar em forno preaquecido a 180°C por 25 minutos.

Vinho: Dos céus diretamente para a Alsácia, uma boa combinação de aromas no prato aliada à riqueza de um Pinot Gris ainda jovem.

VARIG NO MUNDO

Para a massa:

50ml de leite (5 colheres de sopa)
50ml de azeite (5 colheres de sopa)
140g de farinha de trigo (1 xícara)
4g de fermento em pó (1 colher de café)
1 pitada de sal

Para o recheio:

360g de tomate sem pele, cortado em 8 tiras, sem a polpa (4 unidades grandes)
2 folhas de sálvia
2 galhos de alecrim
2 galhos de tomilho
10ml de azeite (1 colher de sopa)
30g de cogumelos *shiitake*
25g de manteiga (1 colher de sopa)
50g de anchovas italianas (2 filezinhos)
5g de alcaparras
80g de queijo fundido, tipo *gruyère*, ralado no ralador grosso (8 colheres de sopa)
60g de creme de leite (6 colheres de sopa)
1 ovo
4g de sal (1 colher de café)

Utensílios necessários:

forminhas n° 8

Peixes

& Crustáceos

1. Retirar a pele e as sementes dos tomates.
2. Picá-los finamente e deixar escorrer o excesso de água. Reservar.
3. Temperar os camarões e os lagostins com azeite, sal e pimenta e salteá-los.*
4. Na mesma frigideira, deglaçar** o vinagre, o azeite e a cebolinha.
5. Servir em cima do *tartar*.***

***Saltear**: fazer uma breve fritura, com o utensílio em movimento, de forma que o alimento não fique permanentemente em contato com o fundo da panela.

****Deglaçar**: fazer um fundo com o restante das carnes que ficam grudadas nas panelas ou nos utensílios de cozimento, juntando um pouco de vinho, líquido aromático ou água.

*****Tartar**: picadinho cru.

Vinho: Um trio, camarões, lagostins e *tartar* de tomates. Um bom toque de frescor fará bem a essa parceria, e pode ser encontrado num espumante do Alentejo.

400g de tomate (5 unidades médias)

2 camarões grandes descascados

60g de lagostins

30ml de azeite (3 colheres de sopa)

sal e pimenta-do-reino a gosto

20ml de vinagre de vinho Barolo ou tinto forte (2 colheres de sopa)

20g de cebolinha francesa (2 colheres de sopa)

Tartar de Tomate, Camarão e Lagostins

CANTALOUP
São Paulo

77

O tomate é frito envolto em massa especial, recheado com *chutney* de tomate e frutos do mar grelhados e temperados com açafrão. É servido com vinagrete de azeite virgem, azeitonas e ervas com um leve sabor de gergelim.

É muito importante seguir as etapas na seguinte seqüência:

1. Massa do sonho: misturar todos os ingredientes líquidos numa vasilha e ir acrescentando os sólidos depois, até que a massa fique fina, como a de um crepe. Deixar a massa descansar durante 2 horas na geladeira.

2. *Chutney*: numa panela, refogar a cebola com alho e um toque de azeite. Quando a cebola ficar translúcida, acrescentar os outros ingredientes, cozinhar durante 20 minutos e reservar. Se o *chutney* estiver muito doce, colocar mais vinagre; se estiver muito ácido, deixar cozinhar mais.

3. Marinada: misturar o azeite extravirgem, o azeite de gergelim, as azeitonas em rodelinhas e as ervas finas picadas. Deixar as lulas e os camarões temperados com sal, pimenta e açafrão marinando no azeite durante 5 minutos.

4. Cortar a tampa do tomate, tirar as sementes, temperar com sal e pimenta, passar na massa de sonho e fritar o tomate e a tampa. Para fritar o tomate e a tampa sem desmanchá-los, atravessar o tomate com um palito de churrasco, passar na massa e fritar dentro do óleo vegetal bem quente.

5. Tirar os frutos do mar da marinada e grelhá-los numa frigideira não aderente aquecida.

6. Arrumar o tomate frito e recheado com o *chutney* bem quente no centro do prato, e cercá-lo com os frutos do mar. Regar com a marinada que sobrou.

Vinho: Além da doçura natural dos camarões ainda temos a do açúcar mascavo. Para contrapor, um Champagne Brut Non Vintage.

Sonho de Tomate e seu Chutney com Frutos do Mar

GUIMAS

RIO DE JANEIRO

Para o sonho:

75ml de água (8 colheres de sopa)

75ml de cerveja (8 colheres de sopa)

2 gemas

15g de fermento em pó (1 colher de sopa)

100g de maisena (10 colheres de sopa)

100g de farinha de trigo (1 xícara)

Para o *chutney*:

150g de cebola calabresa picadinha (3 unidades médias)

5g de alho picado (1 dente)

azeite

20g de *curry*

40ml de vinagre branco (4 colheres de sopa)

250g de açúcar mascavo (2 xícaras)

10g de gengibre ralado (1 colher de sopa)

750g de tomate em cubinhos com pele e sem semente (18 unidades grandes)

Para a marinada:

50ml de azeite extravirgem (5 colheres de sopa)

10ml de azeite de gergelim (1 colher de sopa)

45g de azeitona preta grande tipo Zappa

1 maço de *ciboulette*

1 maço de aneto

40g de coentro fresco (1/2 maço)

200g de lula limpa e cortada em anéis

120g de camarão pequeno limpo

16 camarões vg limpos

sal e pimenta-do-reino a gosto

3g de açafrão (1/2 colher de café)

400g de tomate (6 unidades médias)

óleo vegetal para fritar

Utensílio necessário:

frigideira antiaderente

1. Após limpar o peixe, fazer um corte superficial na direção vertical, da cabeça para o rabo.
2. Em seguida, colocar o peixe no tabuleiro, salpicar o orégano e o sal. Dispor as batatas em volta do peixe e os tomates em cima e em volta do peixe. Cobri-lo com o vinho, a água, a pimenta, o alho e a azeitona. Levar ao forno em temperatura alta por 20 a 30 minutos, verificando o ponto (quando a carne começa a se soltar da espinha).
3. Durante o tempo do cozimento, regar o peixe com o caldo de vez em quando.
4. Para servir: abrir o peixe, tirar as espinhas, colocar os tomates em cima e em volta do peixe e as batatas como acompanhamento. Regar com o azeite e enfeitar com a salsa e os ramos de alecrim.

Vinho: Uma receita suculenta e saborosa nos convida a um branco de moderado corpo, bom frescor e alegre nos aromas, como um Sauvignon Blanc Collio.

Peixe à Neroni

Margutta

Rio de Janeiro

1 pargo de 1 1/2 kg ou peixe de carne branca (badejo, garoupa, cherne etc.)

1 pitada de orégano

sal a gosto

500g de batata (5 unidades médias)

640g de tomate pelado cortado em 6 fatias (8 unidades médias)

50ml de vinho branco (5 colheres de sopa)

150ml de água (3/4 de copo)

1 pitada de pimenta-do-reino

20g de alho amassado (4 dentes)

50g de azeitona verde com caroço (8 unidades)

40ml de azeite (4 colheres de sopa)

salsa e ramos de alecrim para decorar

Beijupirá – *Camarões com Brotos de Feijão em Molho de Tomate*

1. Passar os tomates sem casca no liqüidificador.
2. Colocar em uma panela com o alho amassado, a cebola, a manteiga e o azeite.
3. Deixar no fogo médio por 3 minutos.
4. Acrescentar o açúcar, o sal e o salsão, tendo o cuidado de secá-lo antes para retirar a água. Refogar.
5. Em seguida, retirar o salsão e acrescentar o vinho.
6. Após 25 minutos de cozimento, colocar o camarão temperado com limão e pimenta e deixar 2 minutos.
7. Ao final do cozimento do camarão, acrescentar o broto de feijão, desligar o fogo e retirá-lo após 1 minuto.
8. Servir em prato fundo.

Vinho: A composição final do prato é de grande estrutura. Para acompanhar essas variações de sabores, um branco de bom corpo como um Pouilly-Fuissé ficará bem.

Camarões com Brotos de Feijão em Molho de Tomate

BEIJUPIRÁ

PORTO DE GALINHAS

300g de tomate maduro (4 unidades médias)

30g de alho (6 dentes)

50g de cebola ralada (1 unidade média)

25g de manteiga (1 colher de sopa)

50ml de azeite (5 colheres de sopa)

10g de açúcar (1 colher de sopa)

sal a gosto

6 talos de salsão

50ml de vinho do Porto (5 colheres de sopa)

180g de camarão

1/2 limão

pimenta-do-reino a gosto

180g de broto de feijão

Utensílio necessário:

liqüidificador

ANTIQUARIUS

Rio de Janeiro

Bacalhau à Biscaína

600g de bacalhau em lascas limpo e dessalgado
600g de batata (6 unidades médias)
50g de manteiga (2 colheres de sopa)
30ml de azeite (3 colheres de sopa)

Para o molho de tomate:
200g de tomate (3 unidades médias)
20ml de azeite (2 colheres de sopa)
5g de alho picado (1 dente)
70g de cebola picada (1 unidade média)
50ml de vinho branco seco (5 colheres de sopa)

1 pitada de açúcar
1 ramo de manjericão
sal a gosto

Utensílios necessários:
peneira, 1 vasilha refratária

1. Cozinhar o bacalhau. Tirar a pele e as espinhas e cortar em lascas grandes.
2. Cozinhar as batatas e cortar em rodelas grossas.
3. Aquecer a frigideira em fogo alto com manteiga e azeite; quando estiver bem quente, colocar o bacalhau e as batatas e deixar dourar. Reservar.
4. Cozinhar os ingredientes do molho de tomate até o tomate desmanchar. Corrigir o sal. Passar o molho na peneira e colocá-lo sobre o bacalhau.
5. Levar ao forno em uma vasilha refratária por alguns instantes antes de servir.

Vinho: As batatas amenizam a acidez do tomate e a intensidade gustativa do bacalhau. Um tinto da Bairrada jovem, da casta baga, completará a homenagem a Portugal.

1. Lavar os tomates, cortar uma pequena tampa na parte superior e retirar as sementes. Virá-los sobre um pano, deixar escorrer e reservar.
2. Retirar pele e espinhas do bacalhau e desfiá-lo em lascas.
3. Numa panela, colocar 10 colheres de sopa de azeite, as rodelas de cebola e o alho. Acrescentar o bacalhau e, mexendo sempre, cozinhar por 10 minutos.
4. Numa frigideira, derreter a margarina com 1 colher de sopa de azeite. Acrescentar a farinha, até tostar. Em seguida, adicionar o leite aquecido, mexendo, até formar um creme. Juntar a nata e a salsa. Misturar bem e retirar do fogo.
5. Juntar o creme ao bacalhau já cozido, até obter uma mistura homogênea. Corrigir o sal.
6. Rechear os tomates com a mistura anterior, colocar as tampinhas e levá-los ao forno previamente aquecido a 180°C, num pirex, por cerca de 30 minutos.

Preparo do arroz:
1. Colocar o azeite numa panela e misturar o arroz cru, fritando ligeiramente. Dissolver na água quente o açafrão, misturar ao arroz, adicionar o sal e deixar cozinhar em fogo brando até secar.

Montagem:
1. Numa travessa, dispor os 4 tomates recheados no centro e o arroz enformado nas duas extremidades, preenchendo os espaços com a rúcula. Decorar com o os tomates-cerejas.

Obs.: Para dessalgar o bacalhau, colocá-lo com a pele para cima em recipiente com 3 litros de água, na geladeira, durante 36 horas. Trocar a água no mínimo 6 vezes.

Vinho: Diferente forma de apresentar o bacalhau; o arroz de açafrão tem um papel importante na receita, mas não é dominante. Um tinto que valorizará essa combinação será um Merlot da região do Veneto.

Cumbucas de Tomate Recheadas com Bacalhau

CALAMARES
PORTO ALEGRE

360g de tomate (4 unidades grandes)
300g de bacalhau em posta previamente dessalgado
130ml de azeite (13 colheres de sopa)
50g de cebola (1 unidade média)
10g de alho picado (2 dentes)
25g de margarina (1 colher de sopa)
40g de farinha de trigo (4 colheres de sopa)
100ml de leite (1/2 copo)
30g de nata ou creme de leite sem o soro, bem batido (3 colheres de sopa)
10g de salsa picada (1 colher de sopa)
sal a gosto
1 maço pequeno de rúcula
6 tomates-cerejas para decorar

Para o arroz de açafrão:
20ml de azeite (2 colheres de sopa)
100g de arroz cru (1 xícara)
200ml de água quente (1 copo)
10g de açafrão em pó (2 colheres de café)
sal a gosto

Preparo do caldo (aproximadamente 40 minutos):

1. Colocar todos os ingredientes na panela e deixar ferver. Cozinhar em fogo brando por cerca de 20 minutos, sem deixar por mais de 30 minutos, para não amargar. Retirar a gordura, à medida que ela for se formando na superfície. Coar o caldo e reservar.

2. Cortar a tampa dos tomates, sem retirá-las. Levar os tomates ao forno de microondas por aproximadamente 2 minutos (potência alta). Em seguida, testar a consistência de um tomate, pois pode haver diferença entre um microondas e outro. O tomate deve sair cozido, porém rijo. Retirar a tampa e as sementes. Reservar.

3. Grelhar os camarões, acrescentar o molho provençal e deixar apurar bem. Reservar.

4. Preparar o arroz simultaneamente: Dourar a cebola na manteiga e acrescentar o arroz. Quando a manteiga já estiver completamente misturada ao arroz, começar a adicionar o caldo de peixe. Mexer bem para o risoto ficar bem cremoso. Acrescentar o alho-poró e adicionar o vinho. Continuar mexendo, adicionando o caldo até o arroz ficar *al dente*.

5. Rechear os tomates com o queijo *feta* picado, completando com o molho perfumado de camarão. Deixar 1 ou 2 cubos de queijo nas extremidades do tomate. Levá-los ao forno para gratinar.

6. Num prato grande e, de preferência, decorado ou colorido, arrumar o tomate em uma ponta e o arroz na outra. Decorar o arroz com as rodelas de alho-poró e salpicar salsinha em volta. Colocar o camarão reservado na borda do tomate e depois salpicá-lo com o manjericão. Servir imediatamente.

Vinho: Prato de boa complexidade e intensidade de sabor pela presença do alho-poró. Merece um vinho que possa complementar a felicidade do nosso paladar: um Pinot Grigio será bem-vindo.

Tomates Perfumados e Arroz de Alho-Poró

Luna Bistrô
PRAIA DE PIPA

Para o caldo de peixe:

1kg de cabeça, espinha e sobra de peixe bem limpos

50g de cebola (1 unidade média cortada em quatro)

30g de cenoura cortada ao meio (1 unidade pequena)

1 1/2 litro de água

1 talo de salsão picado

pimenta-do-reino a gosto

folhas de louro

200g de tomate maduro (3 unidades médias)

100g de camarões médios, limpos

100ml de molho provençal (1 copo) — ver receita ao lado, acima

2 camarões grandes e folhas de manjericão para decorar

50g de queijo *feta*

Para o molho provençal:

160g de tomate (2 unidades grandes)

50g de cebola (1 unidade média)

5g de alho (1 dente)

50ml de vinho branco (5 colheres de sopa)

1 ramo de tomilho e manjericão

Para o arroz de alho-poró:

10g de cebola bem picada (1 colher de sopa)

25g de manteiga (1 colher de sopa)

100g de arroz *arborio* (1 xícara)

900ml de caldo de peixe (9 copos)

60g de alho-poró picado (4 unidades médias)

50ml de vinho branco (5 colheres de sopa)

Utensílios necessários:

coador, forno de microondas

86

1. Cozinhar a massa.
2. Cortar os ingredientes (cebola, pimentão, tomate, azeitona, cogumelo) em tiras finas.
3. Refogar a cebola no azeite até dourar e acrescentar o pimentão.
4. Adicionar os camarões, os cogumelos e, em seguida, os tomates.
5. Temperar com sal, salsa e orégano a gosto e deixar em fogo brando por aproximadamente 5 minutos.
6. Servir sobre a massa para *yakisoba*.

Vinho: O equilíbrio de sabores entre o *shimeji* e o camarão torna bem-vindo um Chinon Blanc do Vale do Loire.

Massa com Shimeji, Tomates e Camarões

KOJIMA

RECIFE

250g de massa para *yakisoba*

100g de cebola (1 unidade grande)

50g de pimentão (1 unidade grande)

100g de tomate (1 unidade grande)

25g de azeitona picada

200g de cogumelos tipo *shimeji*

50ml de azeite (5 colheres de sopa)

150g de camarão médio

sal, salsinha e orégano a gosto

1. Temperar o peixe já cortado em cubinhos com sal, limão, 1 colher de sopa de alho e pimenta a gosto. Reservar.
2. Em uma panela, aquecer o óleo e a margarina. Acrescentar a cebola e, em seguida, o restante do alho. Quando estiverem dourados, adicionar o tomate picadinho e logo depois o camarão.
3. Deixar cozinhar, mexendo de vez em quando. O camarão solta água e, por isso, tem que cozinhar até que a água se reduza à metade. Adicionar, então, o queijo tipo Catupiry, a salsa e a cebolinha. Apagar o fogo. Reservar.
4. Bater no liqüidificador o tomate seco com um pouquinho de creme de leite. Depois de batido, juntar o restante do creme e bater lentamente com o batedor de arame. (Atenção: tomar cuidado para não talhar.) Em uma panela, aquecer o óleo e a margarina, dourar a cebola e acrescentar a mistura batida. Aquecer sem deixar ferver. Reservar.
5. Ajeitar os aros numa fôrma untada.
6. Distribuir o peixe em porções iguais dentro dos aros; sobre o peixe colocar, também em partes iguais, o camarão sem o molho. Reservar a sobra dos refogados de camarão.
7. Regar o camarão com um pouco do molho de tomate seco, salpicar com queijo parmesão e levar o peixe ao forno a 250°C por 15 minutos.
8. Juntar o restante do molho de tomate seco com o camarão refogado, aquecendo-os juntos, mas sem deixar ferver.
9. Retirar o peixe do forno e, com a ajuda de uma espátula, retirar os aros da fôrma e colocá-los no centro dos pratos.
10. Retirar o aro e dispor o molho aquecido em volta do peixe.
11. Sobre o molho, arrumar as tirinhas de tomate seco cruzadinhas e salpicar com a salsa picada.
12. Servir imediatamente.

Vinho: A complexidade do prato exige um branco de boa estrutura. Um Chardonnay, do Alto Ádige.

Peixe Gratinado ao Molho de Tomates Secos

Banana da Terra
PARATY

Primeira parte:

600g de filé de capucho (ou vermelho ou linguado), cortado em cubos de 1cm

sal e pimenta-do-reino a gosto

1 limão

50g de alho socado (3 colheres de sopa)

20ml de óleo (2 colheres de sopa)

75g de margarina (3 colheres de sopa)

160g de cebola ralada (3 unidades médias)

115g de tomate picado bem miudinho (1 unidade média)

500g de camarão sete barbas sem casca

200g de queijo tipo Catupiry (6 colheres de sopa)

20g de salsa e cebolinha (1/4 de maço)

Segunda parte:

100g de tomate seco

500ml de creme de leite fresco

20ml de óleo (2 colheres de sopa)

75g de margarina (3 colheres de sopa)

110g de cebola ralada (2 unidades médias)

50g de queijo parmesão ralado (5 colheres de sopa)

sal a gosto

Para decorar o prato:

tirinhas de tomate seco e salsa picada

Utensílios necessários:

1 fôrma, 4 aros de 4,5cm de diâmetro e 4cm de altura (para a montagem do prato), batedor de arame, liqüidificador

1. Lavar e higienizar os tomates e o agrião.
2. Cortar o salmão e o linguado em tiras de 1,5cm de largura, 1cm de altura e 20cm de comprimento.
3. Temperar as tiras do salmão e do linguado com sal, Ajinomoto e pimenta.
4. Cortar o tomate seco em finas fatias e arrumá-las sobre as fatias dos linguados.
5. Fazer uma trança: colocar paralelamente na vertical, com todo cuidado, cinco fatias alternadas de salmão e linguado (o linguado estará sempre com o tomate seco por cima). Com outras cinco fatias também alternadas, vir trançando na horizontal até formar uma trama que lembra um tabuleiro de xadrez (começar pelo meio). Cortar as rebarbas para que fique no formato quadrangular.
6. Untar uma chapa com um pouco de óleo e dispor os filés trançados. Importante: colocar uma tampa para abafar e grelhar mais rápido e grelhar só uma vez de cada lado, para não desmanchar. Sempre virar com cuidado usando uma espátula.
7. Como decoração, cortar o tomate-caqui em fatias bem finas e forrar o centro do prato, colocar os filés trançados por cima, arrumar algumas folhas de agrião na parte superior do prato e regar os filés trançados com o molho *tepan*.

Vinho: A forma de preparo deste prato preserva todo o sabor dos peixes. Para celebrar esse casamento, um branco macio e aveludado, que dará mais nobreza à combinação: um Terre Alte do Friuli.

Salmão Trançado com Tomate Seco

NAKOMBI
São Paulo

160g de tomate-caqui
(2 unidades médias)
1 maço de agrião
500g de filé de salmão limpo, sem espinha
500g de filé de linguado limpo
sal e pimenta-do-reino a gosto
1 pitada de Ajinomoto
300g de tomate seco
óleo para untar

Para o molho *tepan*:
30g de cenoura (1 unidade pequena)
30g de cebola (1 unidade pequena)
20g de gengibre ralado (2 colheres de sopa)
5g de alho (1 dente)
1/2 maçã
1 pitada de Ajinomoto
60ml de molho de soja suave (6 colheres de sopa)
60ml de vinagre branco (6 colheres de sopa)
10g de açúcar (1 colher de sopa)
10 gotas de óleo de gergelim
bater tudo no liqüidificador

Utensílio necessário:
liqüidificador

1. Cortar a tampa de 4 tomates e retirar a polpa. Picar os tomates restantes em pedaços pequenos.
2. Reservar a polpa, os tomates picados e as tampas.
3. Preparar uma farofa com a pimenta e o aniz ralados e 100g do gergelim torrado. Reservar.
4. Cortar o cogumelo em tiras, retirando o talo.
5. Colocar o óleo de gergelim e o alho numa frigideira e deixar dourar um pouco. Adicionar o gengibre e o molho de soja e refogar mais um pouco. Acrescentar os tomates picados e a polpa retirada dos outros tomates.
6. Em fogo brando, mexer com uma colher de pau. Adicionar a água. Quando o tomate estiver quase desmanchando, acrescentar o *shiitake* já cortado e deixar hidratar bem.
7. Durante o preparo do molho, colocar os tomates sem a polpa em uma chapa, esquentando lentamente para evitar que escureçam.
8. Esquentar um pouquinho de óleo de soja em uma frigideira e acrescentar a peça inteira do atum. Deixá-la mudar de cor e virar o outro lado, fazendo com que fique cozida nas extremidades e crua no meio.
9. Retirar a peça do atum da frigideira e passá-la imediatamente na farofa já preparada.
10. Cortar a peça em fatias.
11. Colocar 1 tomate no centro do prato e arrumar as fatias de atum ao seu redor, como raios de sol.
12. Rechear o tomate com o molho de tomate e acrescentar um pouco de molho também ao filé de atum. Polvilhar o restante de gergelim por cima e decorar com a salsa crespa.

Vinho: O molho de soja é utilizado refogado, o que facilita a harmonização e torna menos intensa a acidez. O atum pede um tinto de pouco corpo. Um Chinon da região do Loire.

Tomates Recheados com Filés de Atum Crocantes

Sushi Garden
Rio de Janeiro

640g de tomate (8 unidades médias)

20g de pimenta-do-reino em grãos (20 unidades)

aniz estrelado (6 unidades)

200g de gergelim preto em grãos

150g de cogumelo *shiitake*

80ml de óleo de gergelim (8 colheres de sopa)

40g de alho picado (8 dentes)

40g de gengibre ralado (4 colheres de sopa)

250ml de molho de soja (1 1/2 copo)

250ml de água (1 1/2 copo)

5ml de óleo de soja (1/2 colher de sopa)

800g de filé de atum limpo

salsa crespa para decorar (4 galhos)

91

1. Na véspera, deixar o bacalhau, cortado em postas de 5cm, de molho na água fria, trocando a água por 5 vezes.
2. No dia seguinte, em outro recipiente, colocar o pão francês de molho em água filtrada.
3. Escorrer a água e reservar o bacalhau.
4. Numa panela, colocar bastante azeite, alho picado, cebola fatiada fina e louro.
5. Deixar dourar e acrescentar o bacalhau com pele, com a parte da pele para cima.
6. Cozinhar em fogo baixo até que a cebola esteja amolecida.
7. Verificar com um garfo se o bacalhau já está cozido; se estiver, retirá-lo da panela, eliminar as peles, as espinhas, desfiá-lo em lascas e levá-lo novamente à panela junto com o refogado.
8. Juntar então o pão bem espremido para retirar toda a água, os tomates e o coentro picado.
9. Adicionar, pouco a pouco, o caldo de camarão ou de peixe, quente, até obter uma consistência cremosa.
10. Misturar, batendo como um bolo, para desmanchar tudo muito bem, sempre com a colher de pau.
11. Na hora de servir, retirar do fogo e adicionar os ovos inteiros, juntar um fio de azeite e coentro picado. Bater de novo, vigorosamente.
12. Caso a açorda tenha endurecido, regar com um pouco mais de caldo.
13. Servir dentro de um pão redondo como a broa ou pão de campanha. Decorar com tomates-cerejas e folhas frescas de coentro acompanhado de saladinha verde temperada com azeite, sal e vinagre de xerez.

Vinho: Peixe de carne polpuda um pouco gorda e rica em sabor. Pelo seu paladar marcante e suculência, um bom parceiro é um Chablis Premier Cru, branco de boa estrutura e levemente acarvalhado.

Açorda de Bacalhau e Tomates

O Navegador

Rio de Janeiro

500g de bacalhau seco

8 unidades de pão francês

180ml de azeite extravirgem (18 colheres de sopa)

20g de alho picado (4 dentes)

50g de cebola fatiada ou picada bem fino (1 unidade média)

1 folha de louro

200g de tomate bem maduro ou tomate pelado em conserva (3 unidades médias)

20g de coentro picado (2 colheres de sopa)

250ml de caldo de camarão ou peixe (1 1/2 copo)

4 ovos inteiros

pão redondo ou broa para servir a açorda

8 tomates-cerejas e folhas de coentro frescas para decorar

4 folhas de alface e de coentro para acompanhar

sal e vinagre de xerez a gosto

Aves

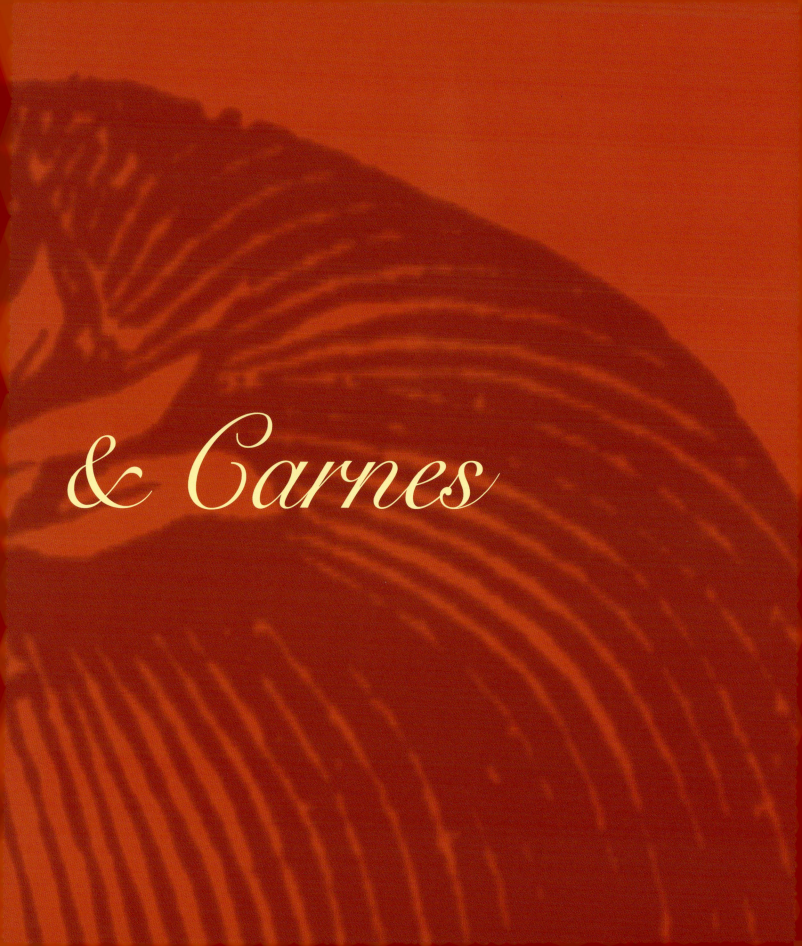

& Carnes

Frango Caipira e Nhoque de Macaxeira com Molho de Tomate

1. Passar a macaxeira cozida pelo moedor, deixar esfriar, adicionar a farinha, a manteiga e o sal. Misturar tudo até ficar uma massa homogênea e bem ligada. Polvilhar uma mesa de mármore com a farinha, enrolar porções da massa na grossura de um dedo e cortá-las em pedaços pequenos.

2. Colocar água com sal para ferver, adicionar os nhoques aos poucos. Quando eles subirem, estarão cozidos. Retirar com uma escumadeira e escorrer muito bem.

3. À parte, preparar o molho. Cozinhar o frango em água, desfiar e reservar o caldo do cozimento.

4. Colocar o azeite em uma caçarola, deixar esquentar e dourar a cebola e o alho. Acrescentar o frango desfiado ao refogado. Quando este estiver um pouco dourado, adicionar o tomate sem pele e sementes, o caldo do frango, (que sobrou do seu cozimento), o queijo parmesão e a pimenta malagueta. Deixar ferver por 10 minutos. Colocar o manjericão e o molho de soja. Desligar e tampar.

5. Arrumar o nhoque previamente cozido e escorrido em um pirex e alternar uma camada de nhoque, uma de queijo-de-minas e uma de molho. O prato deve terminar com o molho por cima.

Vinho: O sabor deste prato, com seus ingredientes bastantes distintos, pede um vinho de boa estrutura e aromas intensos, como um Sangiovese da Toscana.

600g de macaxeira cozida (aipim)
175g de farinha de trigo
(1 1/2 xícara)
30ml de manteiga de garrafa
(3 colheres de sopa)
10g de sal (1 colher de sopa)

Para o molho:
500g de frango caipira com osso
50ml de azeite
100g de cebola
(1 unidade grande)
30g de alho (6 dentes)
750g de tomate
(10 unidades médias)
150ml do caldo do cozimento do frango (1 xícara)
50g de queijo parmesão
(5 colheres de sopa)
1/4 de pimenta malagueta
4 ramos de manjericão
20ml de molho de soja
(2 colheres de sopa)
100g de queijo-de-minas meia-cura

Utensílios necessários:
moedor de carne, escorredor, escumadeira, caçarola, pirex

DIVINA GULA
MACEIÓ

1. Lavar os tomates e secá-los. Em seguida, cortá-los no formato de uma cesta. Retirar as sementes e temperar o interior com sal e pimenta a gosto. Reservar.

2. Refogar a cebola, o alho e a carne-de-sol no óleo, mexendo um pouco. Adicionar o cheiro-verde e misturar. Corrigir o sal, se necessário. Desligar o fogo. Reservar.

3. Para o molho: refogar o alho, a cebola e os tomates no azeite, acrescentar a noz-moscada, o louro, a trouxinha e a água. Deixar apurar até reduzir a água à metade. Retirar o louro e a trouxinha de pimenta. Bater no liqüidificador até obter um molho homogêneo, passando, em seguida, pela peneira.

4. Rechear cada um dos tomates temperados (descritos no item 1) com a carne-de-sol e o molho (item 3) e finalizar com o requeijão cremoso. Acomodá-los em um pirex, regá-los com azeite e levá-los ao forno por 15 minutos.

Vinho: A carne-de-sol de sabor marcante domina e, juntamente como os demais ingredientes, torna muito rico este prato. Para uma boa harmonia, um tinto de bom corpo e aromas pungentes: um Malbec da Argentina realçaria brilhantemente todas as características desta receita.

Balaio de Carne-de-Sol com Molho de Tomate Verde

FOGO CAIPIRA
CAMPO GRANDE

400g de tomate maduro e firme
(4 unidades grandes)
sal e pimenta-do-reino a gosto

Para o recheio:
30g de cebola ralada
(1 unidade pequena)
5g de alho amassado (1 dente)
100g de carne-de-sol cozida e desfiada
10ml de óleo (1 colher de sopa)
1 colher de sopa de cheiro-verde
(ou 2 galhos de salsa e 2 de cebolinha)
sal a gosto
100g de requeijão (4 colheres de sopa)

Para o molho:
5g de alho amassado (1 dente)
30g de cebola picada
(1 unidade pequena)
200g de tomate verde picado
(2 unidades grandes)
20ml de azeite (2 colheres de sopa)
1 pitada de noz-moscada
1 folha de louro (pequena)
1g de pimenta-do-reino em grão na trouxinha (1 colher de chá) – fazer uma trouxinha em tecido tipo gaze e colocar 10 grãos
250ml de água (1 1/2 copo)

Utensílios necessários:
liqüidificador, peneira, 1 pirex

99

Leito de Geléia de Tomates à Moda Basca e Costeletas de Suíno

1. Escolher tomates vermelhos, porém firmes e lavá-los.
2. Marcar o fundo de cada tomate com uma cruz feita com faca afiada.
3. Mergulhar os tomates na água fervente durante 1 a 2 minutos para descolar a pele.
4. Retirar a pele. Cortar os tomates em quatro e retirar as sementes. Picar em cubos grandes.
5. Esfregar um dente de alho numa panela. Acrescentar o azeite, os tomates, os alhos inteiros, o *bouquet garni*, o sal, a pimenta-do-reino, o presunto, a cebola e os pimentões. Deixar cozinhar em fogo baixo durante aproximadamente 1 hora. Retirar o *bouquet garni*.
6. Numa frigideira, dourar num pouco de manteiga as costeletas, previamente temperadas com sal e pimenta-do-reino.
7. Num prato, fazer um leito da geléia de tomate e colocar por cima as costeletas grelhadas.

Vinho: As costeletas pedem um tinto, para realçar seu sabor e neutralizar o excesso de gordura. Os taninos e aromas de um Tempranillo da Rioja serão bem-vindos.

La Bourgogne
São Paulo

2kg de tomate vermelho e bem firme

10g de alho (2 dentes)

20ml de azeite (2 colheres de sopa)

1 *bouquet garni* (3 talos de salsa, 3 talos de tomilho, 1 talo de cebolinha, 1 folha de louro, 1 pimenta dedo-de-moça inteira, 2 talos de alho-poró)

sal e pimenta-do-reino a gosto

200g de presunto cozido, cortado em cubos

100g de cebola picada (2 unidades médias)

100g de pimentões verdes e vermelhos cortados em tiras (2 unidades grandes de cada)

50g de manteiga (2 colheres de sopa)

1 kg de costeletas porco (8 fatias finas)

Tomates Recheados em Carpaccio de Avestruz Defumado

MOANA
FORTALEZA

1. Colocar a água para ferver em uma caçarola e deixar os tomates dentro por 1 minuto.
2. Retirar os tomates, passá-los em água fria, escorrer o excesso de líquido e reservar.
3. Em uma tigela, misturar o queijo cremoso aerado, as gemas, as azeitonas, o extrato de cebola, a farinha de rosca, o queijo parmesão, a salsa e o creme de leite. Misturar tudo muito bem e rechear os tomates. Finalizar polvilhando os tomates com o queijo parmesão ralado. Reservar.
4. À parte, preparar o molho. Misturar todos os ingredientes do molho numa tigela e reservar.
5. Colocar os tomates recheados em uma travessa umedecida com o creme de leite e levar ao forno a 200°C para cozinhar por aproximadamente 20 minutos, até ficarem dourados.
6. Enquanto os tomates estiverem no forno, iniciar a montagem do prato. Colocar em pratos de 25cm, em sentido horário, alternadamente, 2 folhas de *radicchio* e 2 folhas de alface frisada, até o fechamento do círculo. Da mesma maneira, dispor o *carpaccio* de avestruz defumado. Reservar.
7. Quando os tomates estiverem prontos, colocá-los no centro do prato previamente arrumado com os verdes e o *carpaccio*. Delicadamente, espalhar o molho sobre o *radicchio*, a alface e o *carpaccio*, finalizando com os ovos de codorna e a salsa. Terminar a montagem e servir imediatamente.

Vinho: Para preservarmos cada característica do sabor, vamos aliar um Sancerre tinto, que, com um toque sutil de acidez e leveza, estará apto a enfrentar esse desafio.

400g de tomate sem pele (4 unidades grandes cortadas ao meio, sem semente)

300g de queijo cremoso aerado ao alho (tipo Polenghi)

2 gemas

60g de azeitona preta picada e sem caroço (16 unidades)

50g de extrato de cebola (2 colheres de sopa)

20g de farinha de rosca (2 colheres de sopa)

60g de queijo parmesão ralado (6 colheres de sopa)

salsa picada

100g de creme de leite fresco (1/2 copo)

sal e pimenta-do-reino a gosto

400g de carne de avestruz defumada finamente fatiada (em *carpaccio*)

Para o molho:

120ml de azeite (12 colheres de sopa)

20ml de suco de limão (2 colheres de sopa)

40ml de vinagre de manga (4 colheres de sopa)

20ml de molho de soja (2 colheres de sopa)

15ml de mel (1 1/2 colher de sopa)

20ml de mostarda americana (4 colheres de café)

sal e pimenta-do-reino a gosto

Para decorar o prato:

16 folhas de *radicchio*

16 folhas de alface frisada

20 ovos de codorna cozidos e picados finos

salsa picada

Utensílios necessários:

escorredor, 4 pratos de 25cm

Costeleta de Porco com Chutney de Tomate

1. Temperar as costeletas com o sal, a pimenta e o limão e deixar marinar por 1 hora.
2. Fritar as costeletas no azeite quente, até dourarem completamente, pingando água para que cozinhem enquanto fritam. Tomar cuidado com esta operação, pois pode respingar. Reservar.
3. À parte, preparar o *chutney*. Retirar a pele dos tomates e picá-los em cubos pequenos, retirando as sementes. Reservar.
4. Escorrer completamente o azeite usado na fritura das costeletas e adicionar o vinagre, o açúcar e a água para caramelar em fogo baixo.
5. Acrescentar os cubos de tomate, a cebola, a pimenta rosa, o sal e o gengibre, mexendo até que os tomates desmanchem completamente. Se preferir, bater no liqüidificador. Reservar o *chutney*.
6. Numa frigideira, colocar a manteiga e o açúcar, acrescentar os tomates-cerejas, a água e deixar cozinhar até reduzir. Reservar.

Preparo do angu:
1. Colocar a água para ferver com o sal. Molhar o fubá com água fria antes de dissolvê-lo na água fervente, para não empelotar. Mexer bem. Abaixar o fogo e deixar cozinhar por 15 minutos. Molhar as forminhas do formato que desejar e cobri-las com o angu. Reservar.

Montagem:
1. No centro do prato, colocar o *chutney* e, por cima, a costeleta. Em cada lado, arrumar um angu e, entre eles, 4 tomates-cerejas com um galho de alecrim, formando um cacho. Acrescentar mais um pouco de *chutney* por cima da costeleta, deixando cair um pouco no angu também.

Vinho: A tendência ao excesso de gordura, devido às costeletas, requer um tinto com taninos ainda vivos. Um Cabernet Sauvignon da Califórnia domará bem.

Gosto com Gosto
Visconde de Mauá

600g de costeleta de porco
(4 costeletas médias)
sal e pimenta-do-reino a gosto
1 limão
20ml de azeite (2 colheres de sopa)

Para o *chutney*:
400g de tomate maduro
(4 unidades grandes)
30ml de vinagre de laranja ou maçã
(3 colheres de sopa)
60g de açúcar (6 colheres de sopa)
80ml de água (8 colheres de sopa)
30g de cebola triturada
(1 unidade pequena)
1g de pimenta rosa (10 grãos ou
1 colher de chá)

sal a gosto
5g de gengibre ralado (1/2 colher de sopa)
ramos de alecrim para decorar
60g de manteiga
(2 1/2 colheres de sopa)
100g de açúcar (10 colheres de sopa)
16 tomates-cerejas
40ml de água (4 colheres de sopa)

Para o angu:
500ml de água (2 1/2 copos)
1 colher de chá de sal
200g de fubá (2 xícaras)

Utensílios necessários:
liqüidificador, 4 forminhas

1. Bater os escalopes para afiná-los.
2. Temperar com sal e pimenta.
3. Passar na farinha de trigo e retirar o excesso.
4. Passar no ovo batido e na farinha de rosca.
5. Apertar bem com a ponta dos dedos.
6. Fritar em óleo preaquecido.
7. Escorrer e enxugar bem com papel-absorvente.
8. Cortar os escalopes com um aro de 8cm.
9. Numa assadeira untada com azeite, colocar 4 aros e em cada um montar as seguintes camadas:
- escalope à milanesa, tomate seco, mozarela de búfala e manjericão.
- mais duas camadas destas, terminando com a mozarela e o manjericão.
10. Levar ao forno preaquecido (250°C) até o queijo derreter (10 a 15 minutos). Retirar os aros.
11. Transferir para o centro de um prato de serviço e cobrir com tirinhas de rúcula.
12. Enfeitar em volta com tomates-cerejas vermelhos e amarelos intercalados, azeite de ervas e manjericão fresco em tirinhas.

Preparo do azeite:
1. Aquecer um pouco o azeite com alho.
2. Desligar o fogo e, quando amornar, retirar o alho e adicionar as ervas picadas.
3. Usar após 1 dia em infusão. Conservar em lugar fresco.

Vinho: Prato elaborado, com boa suculência e aromático. Um Barolo dará mais personalidade ao prato.

Tortinha Caprese com Azeite de Ervas

ORIUNDI
VITÓRIA

12 escalopes de filé *mignon* (50g cada)

sal e pimenta-do-reino a gosto

100g de farinha de trigo (1 xícara)

4 ovos batidos

100g de farinha de rosca (1 xícara)

óleo de soja para fritar

200ml de azeite de ervas (1 copo)

250g de tomate seco

500g de mozarela de búfala em rodelas

1 maço de folhas de manjericão em tirinhas (1 xícara)

60g de rúcula em tirinhas finas (cortada na hora)

8 tomates-cerejas vermelhos e 8 amarelos, cortados ao meio

Para o azeite de ervas:

200ml de azeite extravirgem (1 copo)

5g de alho amassado (1 dente)

5g de ervas frescas picadas (manjericão verde e roxo, tomilho, alecrim, sálvia e salsa) – 1 colher de sopa cheia

Utensílios necessários:

escorredor, papel-absorvente, assadeira, 4 aros de 8cm, batedor de carne

Filé com Molho de Tomate, Vinho e Calda de Rapadura

SAGARANA
João Pessoa

Preparo do molho:

1. Colocar o vinho tinto numa panela e reduzir até a metade. Adicionar o molho de tomate, o açúcar mascavo e o vinagre. Cozinhar por cerca de 8 minutos e reservar.

Modo de fazer:

1. Enquanto o molho cozinha, lavar as batatas com casca e passá-las no sal grosso, e, em seguida, levá-las ao forno a 200°C, envoltas em papel alumínio (para evitar que queimem), deixando assar por 30 minutos. Retirar as batatas do forno, amassá-las suavemente e fazer uma fenda no sentido longitudinal.

2. Temperar os filés com sal e pimenta a gosto. Aquecer uma frigideira e passá-los, um a um, na manteiga, grelhando-os de forma uniforme. Acrescentar o molho e deixar até o início da fervura.

3. Colocar os filés num prato com o molho; ao lado, arrumar as batatas retiradas do forno com a própria casca. Decorar com salsa.

Vinho: Muita suculência e um molho com um leve toque adocicado. Um tinto estruturado e com aromas que tendam ao doce será uma descoberta prazerosa. Encontramos num Amarone tudo de que precisamos.

Para o molho:
120ml de vinho tinto (1 copo)
150g de molho de tomate (1 xícara)
80g de açúcar mascavo (8 colheres de sopa)
20ml de vinagre de vinho branco (2 colheres de sopa)

600g de batata (4 unidades do mesmo tamanho)
sal grosso a gosto
4 filés altos de 250g cada
sal e pimenta-do-reino a gosto
25g de manteiga sem sal (1 colher de sopa)
salsa para decorar

Utensílio necessário:
papel-alumínio

Frango Recheado com Tomates Secos e Espinafre

LA SAGRADA FAMILIA
RIO DE JANEIRO

1. Utilizar um escorredor para separar os tomates secos do azeite. Picar os tomates secos e reservar.
2. Preparar o espinafre da forma tradicional — limpar, lavar, ferver, escorrer bem a água e, com o auxílio de uma faca, picar bem miúdo. Em seguida, reforçar a eliminação da água utilizando tecido para filtragem.
3. Em uma panela, aquecer o azeite, acrescentar o alho picado, deixar dourar levemente, e juntar o espinafre. Em seguida, adicionar o tomate seco. Fora do fogo, juntar o requeijão e misturar para homogeneização do recheio. Reservar.
4. Separar as duas partes de cada filé de frango. Limpá-las, retirando a pele, as gorduras e as cartilagens. Utilizar um batedor plano de alumínio, para afinar bem os filés. Para evitar que os filés fiquem com cortes ou furos, cobrir os pedaços de frango com filme plástico, para que o batedor não entre em contato direto com a carne. Temperar os filés com sal e pimenta.
5. Abrir o filme plástico sobre a bancada de trabalho, dispor os filés batidos, um a um, para serem recheados. Colocar sobre cada um 2 colheres de sopa do recheio, enrolar com o auxílio do filme plástico e amarrar as extremidades com barbante.
6. Na hora de servir, mergulhar os rolos de frango recheado em uma panela com água preaquecida e deixar cozinhar, em fogo médio, por aproximadamente, 15 minutos. Em seguida, remover o filme plástico e fatiar o frango recheado em rodelas de 2cm de espessura.

Vinho: Prato elaborado, de boa intensidade gustativa, o que nos leva para um tinto de médio corpo, com bom equilíbrio de acidez: um Montepulciano d'Abruzzo.

500g de tomate seco italiano em conserva de azeite
3 molhos de espinafre
100ml de azeite extravirgem (10 colheres de sopa)
20g de alho (4 dentes)
200g de requeijão (1 copo)
1kg de filé de frango
sal e pimenta-do-reino branca moída na hora, a gosto

Utensílios necessários:
escorredor, tecido para filtragem, batedor de carne plano de alumínio, filme plástico, barbante

1. Temperar os peitos de frango e recheá-los com o queijo e o tomate picados. Acrescentar o manjericão. Enrolar e passar o papel-filme fechando bem com um nó em cada ponta. Colocar dentro do caldo de frango e cozinhar por 8 minutos.
2. Para o pudinzinho: fazer um purê com a batata-baroa e acrescentar as gemas e os temperos.
3. Passar em uma peneira fina e colocar o purê nas forminhas.
4. Colocar o frango em uma fôrma untada de manteiga e levar ao forno (200°C) por aproximadamente 40 minutos. Não esquecer de cobrir com papel-alumínio.
5. Para o tomate *concassé*: fazer um fundo de panela com azeite, cebola, alho e tomilho. Acrescentar o tomate e cozinhar por 3 minutos em fogo muito brando. Adicionar o extrato de tomate. Temperar com sal e pimenta.
6. Em um prato, colocar no meio o pudinzinho, fatiar o frango na diagonal na espessura de 2 dedos e dispor em volta do pudinzinho. Colocar 3 colheres de chá do tomate *concassé* para decorar o prato, em 3 lugares diferentes.
7. Enfeitar o pudinzinho com um galho de manjericão fresco.
8. Acrescentar o azeite de ervas e ervas frescas picadas para decorar.

Vinho: O frango aqui está enriquecido de ingredientes que lhe conferem um paladar mais marcante. Quanto ao vinho, um de boa raça e que apresente uma certa maturidade na evolução. Um bom Toscano atende bem às exigências.

Pato com Laranja

Rio de Janeiro

1kg de peito de frango dividido ao meio e aberto (sem cortar até o final)

200g de queijo-de-minas

150g de tomate seco

40g de folhas de manjericão (4 colheres de sopa)

1 litro de caldo de frango

sal e pimenta-do-reino a gosto

Para o caldo de frango:

200g de osso de frango

50g de cebola (1 unidade média)

30g de cenoura (1 unidade pequena)

1 folha de louro

2 talos de salsa

1 1/2 litro de água

(cozinhar por 30 minutos)

Para o pudinzinho:

500g de batata-baroa (5 unidades médias)

6 gemas

sal, pimenta-do-reino e noz-moscada a gosto

Para o tomate *concassé*:

40ml de azeite (4 colheres de sopa)

50g de cebola (1 unidade média)

10g de alho (2 dentes)

tomilho

1kg de tomate sem pele e sem semente, em cubos

10g de extrato de tomate (2 colheres de chá)

sal e pimenta-do-reino a gosto

Para o azeite de ervas, ver receita na página 104.

Utensílios necessários:

papel-alumínio, papel filme, forminhas de 6cm de diâmetro, peneira fina

Frango com Pudinzinho de Batata-Baroa

108

1. Hidratar os cogumelos: ferver a água, retirar do fogo e colocar os cogumelos. Deixar por meia hora e lavá-los bem. Coar o caldo. Reservar ambos.
2. Lavar os tomates. Passá-los em água fervente por 1 minuto e, em seguida, retirar a pele. Cortar em quatro, retirar as sementes e picar finamente em cubos. Reservar.
3. Preaquecer o forno a 250°C.
4. Temperar os galetos com sal, alho e pimenta.
5. Recheá-los com os dentes de alho, as cebolas e os galhos das ervas.
6. Amarrá-los com barbante.
7. Assar os galetos num tabuleiro com azeite, por 25 a 30 minutos a 250°C, até ficarem dourados, pincelando-os duas vezes com manteiga. Se necessário, colocar um pouco de água no fundo do tabuleiro. A pele deve ficar supercrocante e a coxa assada ao ponto, quase rósea na junta. Retirar os galetos do forno. Reservar.
8. Deglaçar* o tabuleiro com o vinho. Adicionar o caldo de frango, os tomates, os cogumelos e deixar cozinhar por 15 minutos. Reservar.
9. Retirar o barbante dos galetos. Aquecer o molho, acrescentando sal, pimenta, as folhas de tomilho e o caldo que se forma na cavidade dos galetos. Colocar os galetos inteiros em pratos individuais, servir o molho ao redor e decorar com galhos de ervas frescas.

***Deglaçar**: fazer um fundo com o restante das carnes que ficam grudadas nas panelas ou nos utensílios de cozimento, juntando um pouco de vinho, líquido aromático ou água.

Vinho: As ervas utilizadas em todo o processo do prato tornam o paladar final muito marcante e o galeto rico em sabor. A fim de preservar essas características, o vinho não deve se sobrepor. Um Pinot Noir da região de Bourgogne fará bem esse papel.

Galeto Assado com Tomates, Cogumelos e Ervas

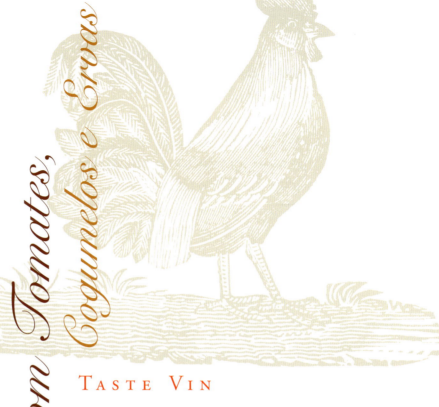

TASTE VIN
BELO HORIZONTE

20g de *cèpes* (cogumelos secos)
300ml de água (1 1/2 copo)
500g de tomate maduro (5 unidades grandes)
2 galetos de 450g cada
sal e pimenta-do-reino a gosto
10g de alho descascado e fatiado finamente (2 dentes)
10g de alho partido ao meio (2 dentes)
60g de cebola (1 unidade média partida em quatro)
2 galhos de tomilho
2 galhos de manjericão

2 galhos de alecrim
2 galhos de sálvia
20ml de azeite (2 colheres de sopa)
20g de manteiga derretida (2 colheres de sopa)
200ml de vinho branco seco (1 copo)
200ml de caldo de frango (1 copo) – ver receita na página 108
2 colheres de chá de tomilho (somente as folhas)

Utensílios necessários:
coador, barbante

Carrê de Cordeiro com Molho de Hortelã e Trança de Tomates

1. Esquentar o azeite com o óleo em uma frigideira. Acrescentar o alho e fritar os carrês rapidamente para não passarem do ponto, pois endurecem. Depois de fritos, temperá-los a gosto com sal e pimenta. Reservar.

2. Picar as folhas de hortelã e fazer uma pasta misturando com o licor de menta e o azeite. Temperar a gosto com sal e pimenta. Reservar.

3. Para a trança: dourar na frigideira, em fogo médio, com 2 colheres de sopa de azeite, o alho, a folha de louro, a cebola, o alho-poró, o pimentão e a berinjela por aproximadamente 10 minutos. Distribuir uniformemente no fundo de uma travessa refratária e arrumar por cima, em fileiras, intercalando sempre com os tomates, as berinjelas, as abobrinhas e os *shiitakes*. Cobrir tudo com o queijo *pecorino*, o sal, a pimenta-branca, o alecrim picado e o restante do azeite. Levar ao forno (180°C) até dourar.

4. Arrumar a trança no centro do prato com os carrês apoiados pelos ossos. Cobri-los com o molho de hortelã, fazendo um pontilhado com o molho pelo prato. Decorar com um ramo de hortelã entre os ossos.

Vinho: Uma eclética combinação de ingredientes resulta num prato de forte sabor e extraordinário aroma. A fim de preservar essa personalidade, buscaremos num belo Bordeaux, já pronto, toda a complexidade que fará dessa harmonização um convite à degustação.

RUELLA
São Paulo

Para o carrê de cordeiro:

40ml de azeite (4 colheres de sopa)

10ml de óleo de canola (1 colher de sopa)

5g de alho (1 dente)

1kg de carrê de cordeiro com o osso (corte francês)

sal e pimenta-do-reino a gosto

Para o molho de hortelã:

folhas frescas de hortelã

50ml de licor de menta (5 colheres de sopa)

200ml de azeite (20 colheres de sopa)

sal e pimenta verde em grão, moída na hora

Para a trança de tomates:

60ml de azeite (6 colheres de sopa)

10g de alho bem picado (2 dentes)

1 folha de louro

40g de cebola em rodelas finas (1 unidade média)

40g de alho-poró em rodelas finas

25g de pimentão amarelo sem a parte branca, em fatias finas (1/2 unidade)

200g de berinjela em rodelas (3 unidades médias)

250g de tomate firme em rodelas e sem as sementes (3 unidades médias)

200g de abobrinha em rodelas

125g de *shiitake* fresco com o caule em fatias

50g de queijo *pecorino* ralado (5 colheres de sopa)

sal e pimenta-branca em grão, moída na hora

ramos de alecrim fresco

Utensílio necessário:

1 travessa refratária

1. Lavar bem os pedaços de frango.
2. Furar cada pedaço de frango e temperá-los com o molho Xapuri no mínimo com 2 horas de antecedência.
3. Colocar a gordura para esquentar em uma panela grande e grossa.
4. Quando a gordura estiver bem quente, fritar os pedaços de frango até dourá-los por inteiro.
5. Escorrer toda a gordura.
6. Dourar a cebola e o alho na manteiga junto com o frango e acrescentar a água fervente e a pimenta. Deixar reduzir a água até secar.
7. Acrescentar o tomate picado até que ele se desmanche. Retirar os pedaços de frango.
8. Bater este molho, sem o frango, no liqüidificador.
9. Cozinhar as ervilhas *al dente* na manteiga para compor o prato. Arrumá-las em forma de estrela com o frango no centro do prato.

Vinho: A forma do preparo exalta o sabor do frango e os demais ingredientes se encarregam da parte aromática. Para não perder nada, recomenda-se um tinto de boa estrutura e boa maciez como um Shiraz, da Austrália.

Frango com Tomate

Xapuri

Belo Horizonte

1 1/2kg de frango (coxa e sobrecoxa)

70g de molho Xapuri

300ml de gordura de porco (1 1/2 copo)

100g de cebola batida
(1 unidade grande)

35g de alho batido (7 dentes)

50g de manteiga sem sal (2 colheres de sopa)

100ml de água fervente (1/2 copo)

pimenta-do-reino a gosto

1kg de tomate para molho sem pele, picado

1kg de ervilha larga

Para o molho Xapuri:

60g de alho (12 dentes)

70g de cebola (1 unidade média)

50g de pimentão
(1 unidade média)

20g de salsa (2 colheres de sopa)

20g de cebolinha (2 colheres de sopa)

sal a gosto

Bater tudo no liqüidificador.

Reservar o restante do molho Xapuri para outros fins.

Utensílio necessário:

liqüidificador

Sobremesas

1. Reduzir a polpa de tomate até começar a grudar no fundo da panela.
2. Umedecer o açúcar com um pouco d'água e levar ao fogo baixo até que ferva por aproximadamente 15 minutos.
3. Misturar a polpa reduzida de tomate e o açúcar e cozinhar até o ponto de geléia.
4. Reservar e aguardar esfriar.
5. Bater de 4 a 5 claras de ovos em neve até obter a consistência bem firme.
6. Aquecer o forno por 15 minutos, a 180°C.
7. Untar os pontinhos de suflê com manteiga e açúcar.
8. Juntar as claras em neve à geléia de tomate, delicadamente. Dividir a composição nos potinhos de suflê.
9. Levar ao forno a 180°C por 20 a 25 minutos.
10. Misturar os dois queijos, passando-os em uma peneira fina. Temperar com noz-moscada e servir em potinhos menores ao lado do suflê.
11. Finalizar com o açúcar de confeiteiro e as folhas de menta.

Obs.: A quantidade de açúcar poderá ser diminuída, se o tomate for realmente maduro e de boa qualidade. Nesta receita, usar tomates rasteiros, aqueles mais alongados e carnudos.

Vinho: Aqui a doçura dos tomates entra em contraste com o *roquefort*. Já o *mascarpone*, mais leve, apenas torna o prato mais harmônico. Seguindo essa linha, recomendamos um Zinfandel da Califórnia, com sua leveza e bons aromas.

Suflê Quente de Tomate com Roquefort

BOULEVARD
CURITIBA

1 1/2 kg de tomate maduro sem pele e sem semente

500g de açúcar (4 xícaras)

4 a 5 claras de ovos

manteiga e açúcar para untar os potinhos

150g de queijo tipo *mascarpone*

80g de queijo tipo *roquefort*

noz-moscada a gosto

açúcar de confeiteiro para polvilhar os potinhos

folhas frescas de menta para finalizar

Utensílios necessários:

potinhos para suflê, peneira fina

Espuma de Tomate Caramelada

Preparo da musse:

1. Cozinhar 800g de tomate com 200g de açúcar. Deixar reduzir um pouco até obter 600g de purê. Bater no liqüidificador, acrescentar o suco do limão e reservar. Picar o restante do tomate em cubos. Caramelar o restante do açúcar numa panela e adicionar os tomates em cubos. Deixar cozinhar um pouco sem desmanchar. Adicionar o purê de tomate com os cubos e a gelatina previamente derretida. Deixar esfriar bem e juntar o creme de leite.

2. Molhar os biscoitos com o suco de tomate e a *vodka*, espremer um pouco e formar 6 aros de 8cm de diâmetro. Cobrir com a musse. Levar à geladeira. Reservar.

Preparo do creme:

1. Bater bem as gemas com o açúcar. Incorporar a maisena e adicionar o leite quente aos poucos. Levar ao fogo sem deixar ferver até engrossar. Depois de esfriar, adicionar os cubos de aipo.

2. Secar a pele do tomate no forno até ficar bem crocante e recortar em pedaços menores.

Montagem:

1. Dispor o creme no fundo do prato. Retirar a espuma da geladeira e posicioná-la no centro do prato, cobrindo-a com os pedaços da pele de tomate.

Vinho: Ousada e criativa a utilização do tomate. Resulta numa agradável sobremesa de sabor delicado que pode ser realçado com um Moscato Rosa, um belo e aromático vinho doce *rosé* da região de Venezia Giulia, na Itália.

LOCANDA DELLA MIMOSA

PETRÓPOLIS

Para a musse:

1kg de tomate sem pele e sem semente

(reservar a pele para decorar)

250g de açúcar para cozinhar o tomate (1 1/2 xícara)

suco de 1/2 limão (1 colher de sopa)

6 folhas de gelatina derretidas em banho-maria com 50ml de água (5 colheres de sopa)

100g de creme de leite batido (10 colheres de sopa)

10 biscoitos ingleses (biscoito champanhe sem açúcar)

500ml de suco de tomate (2 1/2 copos)

50ml de *vodka* (5 colheres de sopa)

Para o creme:

6 gemas

100g de açúcar (10 colheres de sopa)

10g de maisena (1 colher de sopa)

500ml de leite quente (2 1/2 copos)

50g de cubos de aipo cru

Utensílios necessários:

6 aros de 8cm de diâmetro, liqüidificador

ROANNE – *Doce de Tomate com Fromage Blanc*

1. Lavar bem os tomates, cortando em quatro pedaços e retirando as sementes.
2. Em um recipiente grande dissolver a "cal virgem" em 4 litros de água. Acrescentar os tomates e deixá-los totalmente submersos por 6 horas. Em seguida, lavá-los muito bem (três a quatro vezes com água corrente), certificando-se de que toda a cal foi removida.
3. Preparar uma fina calda com as especiarias: colocar o açúcar na água e acrescentar as especiarias (baunilha, canela, cravo e gengibre). Deixar ferver. Esperar o açúcar se dissolver completamente (se formar espuma, retirá-la cuidadosamente com uma colher). Colocar os tomates e deixar ferver por aproximadamente 1 hora em fogo médio, acompanhando sempre o processo. Retirar da panela e deixar resfriar uma noite na geladeira. Retirar as especiarias e dispensar.
4. Em um recipiente, misturar o creme de leite, o *fromage blanc*, o sal e a pimenta e bater até formar um creme.
5. Dividir os tomates em pratos fundos com um pouco de calda, acompanhando com o creme de *fromage blanc*.

Obs.: Este prato também pode ser feito com os tomates sem casca. Para isso, espetar os tomates inteiros em um garfo e aproximá-los da chama do fogão até soltarem a pele.

Vinho: O creme de *fromage blanc* é um complemento importante, pois equilibra os sabores e contribui para uma melhor harmonia do paladar. Um Late Harvest Sémillon do Novo Mundo que não é extremamente doce colabora para uma boa união.

Doce de Tomate com Fromage Blanc

ROANNE
SÃO PAULO

180g de tomate verde
(2 unidades grandes)
180g de tomate vermelho
(2 unidades grandes)
180g de tomate amarelo
(2 unidades médias)
20g de "cal virgem" para doces
(2 colheres de sopa rasas)
4 litros de água
360g de açúcar (60g para cada tomate)

300ml de água (1 1/2 copo)
1 pau de canela
25g de cravo (5 unidades)
30g de gengibre fresco descascado
(1 dedo)

Para o acompanhamento:
60g de creme de leite fresco
(6 colheres de sopa)
120g de *fromage blanc*
sal e pimenta-do-reino a gosto

Preparo da composta de tomate:

1. Fazer uma calda com o açúcar e a água, deixar ferver em fogo médio por 5 minutos aproximadamente. Juntar os tomates bem picados e deixar ferver por mais 15 minutos, até adquirir consistência de compota. Deixar esfriar.
2. Colocar o creme de leite em uma tigela.
3. Em outro recipiente, bater os 2 ovos inteiros e a gema com o açúcar, utilizando o batedor de arame. Acrescentar o leite. Não usar batedeira nem liqüidificador.
4. Misturar os ovos ao creme, mexer bem, passar por uma peneira bem fina. Adicionar o cardamomo e a baunilha. Acrescentar a composta de tomate.
5. Colocar em potinhos.
6. Levar ao forno médio, em banho-maria, forrando antes o fundo do tabuleiro com um pano, para que os potinhos não balancem durante o cozimento e o creme não talhe.
7. Assar por aproximadamente meia hora, até a superfície ficar ligeiramente firme. Deixar esfriar.
8. Para servir, pulverizar com açúcar cristal e caramelizar com o maçarico ou com ferro de caramelar.

Vinho: Nesta receita, a doçura e a acidez estão em perfeita harmonia. Para dar um toque mais ousado um Mascato d'Asti levemente frizante, do Piemonte.

Brûlée Delírio de Colombo

QUADRIFOGLIO

RIO DE JANEIRO

Para a compota de tomate:

150g de açúcar (1 xícara)

80ml de água (1/3 xícara)

240g de tomate maduro médio sem casca e sem semente (3 unidades)

250ml de creme de leite fresco

3 ovos (2 inteiros e 1 gema)

150g de açúcar (1 xícara)

80ml de leite (8 colheres de sopa)

1 pitada de cardamomo em pó

1 colher de chá de baunilha

açúcar cristal para pulverizar

Utensílios necessários:

batedor de arame e, para caramelar, um maçarico para uso culinário ou ferro de caramelar, peneira fina, potinhos refratários

1. Preparar o doce de tomate, colocando na panela os tomates, o açúcar, a uva-passa o coco ralado, os cravos e a casca de canela. Aquecer em fogo brando até dar consistência de doce. Reservar.
2. Cortar uma tampa nos oito tomates e dar um corte no fundo (para que depois possam ficar firmes no prato). Tirar a polpa.
3. Ferver o vinho com o açúcar e as julianas de limão.
4. Acrescentar as frutas secas, as amêndoas e os *pinoli*. Cozinhar por dois minutos e coar. Levar o vinho novamente ao fogo para reduzir mais.
5. Rechear os tomates com 2/3 das frutas, com as amêndoas e os *pinoli*.
6. Colocar as tampas dos tomates e assá-los por 15 minutos a 180°C.
7. Fazer um espelho com o vinho (colocá-lo no fundo do prato), dispor dois tomates sobre ele, espalhar o restante das frutas em volta, e colocar 1 colher do doce de tomate em frente a cada tomate recheado. Servir quente.

Vinho: Um verdadeiro pomar de cores e sabores. Para enriquecer esta inspiração, um Muscat de Riversalts, com seu toque de flores no aroma.

Tomates Assados com Frutas Cristalizadas

Casa da Suíça
Rio de Janeiro

400g de tomate sem pele e sem polpa (5 unidades médias)

100g de açúcar (10 colheres de sopa)

20g de uva-passa (2 colheres de sopa)

20g de coco ralado (2 colheres de sopa)

5g de cravo (4 unidades)

1 casca de canela

640g de tomate (8 unidades médias)

200ml de vinho tinto de mesa (1 copo)

100g de açúcar (10 colheres de sopa)

10g de casca de limão à juliana (cortada em tirinhas), (1 colher de sopa)

320g de frutas secas (*zitronnat*, *orangat*, figos, damascos, tâmaras, ameixas)

20g de amêndoas cortadas e tostadas (2 colheres de sopa)

20g de *pinoli* tostado (2 colheres de sopa)

Dicas:

Para descascar o tomate, faça um pequeno corte em cruz e, em seguida, coloque-o em água fervente ou óleo quente a 150ºC, por 5 segundos. Retire-o e mergulhe-o em água com gelo. Após resfriar, utilize uma pequena faca para retirar a pele.

Pizzas e outros tipos de massa que requeiram tomates in natura podem se "afogar" na água que eles soltarão. Convém, antes de usar os tomates, levá-los ao forno, o tempo suficiente para que sequem um pouco.

Verifique sempre se os tomates estão frescos e firmes, antes de iniciar o preparo dos pratos.

Por conta do clima e do solo, os tomates brasileiros são ácidos, têm a pele mais dura, a polpa menos densa e são mais aguados. Para corrigir sua acidez, adicione um pouco de açúcar ou mel. Na preparação de molhos, utilize cenouras, porque sua essência adocicada contrasta e ajuda na redução da acidez do tomate. Lembre-se, porém, de que a cenoura altera a coloração do molho.

Deixe sempre para acrescentar o sal no final do preparo do molho, para não alterar sua consistência. O sal aumenta a liberação de água do tomate, podendo salgar o molho demasiadamente.

Uma receita de molho de tomate básico:

50g de *bacon* cortado bem fininho
20g de manteiga ou margarina (1 colher de sopa)
2 dentes de alho picados
2 colheres de sopa de cebola picada
2 colheres de sopa de aipo picado
2 colheres de sopa de cenoura picada ou ralada
1 colher de sopa cheia de farinha de trigo
150ml de caldo de carne
1kg de tomate fresco sem pele e sem semente
1 folha de louro rasgada
3 colheres de sopa de manjericão picado
1 colher de sopa de tomilho picado
1 colher de sopa de açúcar
sal a gosto

Em uma panela, juntar o *bacon*, a manteiga e o alho e deixar dourar. Juntar a cebola, o aipo e a cenoura e mexer até começar a ficar macio. Juntar o trigo e mexer até ficar ligeiramente dourado.
Juntar o caldo (mexendo bem para não embolotar) e acrescentar os tomates batidos no liqüidificador. Deixar ferver até reduzir e engrossar. Juntar as ervas e o açúcar. Corrigir o sal e deixar ferver até a consistência desejada.

Obs.: Os tomates frescos podem ser substituídos por pelados em lata de 500g e batidos no liqüidificador, sem a água.

Tabela de Equivalência

1 copo	200ml
1 colher de sopa	10ml
1 colher de chá	5ml
1 tomate médio	aproximadamente 80g
1 tomate grande	aproximadamente 100g
1 colher de sopa	34g de tomate seco
1 colher de sopa	10g
1 colher de chá	5g
1 xícara	100g de farinha de trigo
1 xícara	100g de maisena
1 xícara	100g de arroz
1 xícara	150g de açúcar
1 colher de sopa	10g de açúcar
1 colher de sopa	34g de queijo Catupiry
1 colher de sopa	25g de manteiga
1 colher de sopa	10g de queijo parmesão
4 bolas	150g de mozarela de búfala
1 colher de sopa	10g de cebola picada
1 cebola grande	aproximadamente 100g
1 cebola média	aproximadamente 50g
1 cebola pequena	aproximadamente 30g
1 cenoura grande	aproximadamente 100g
1 cenoura média	aproximadamente 50g
1 cenoura pequena	aproximadamente 30g
1 pepino médio	aproximadamente 50g
1 batata média	aproximadamente 100g
1 colher de sopa	10g de gengibre ralado
1 colher de sopa	10g de gengibre em pasta
1 colher de café rasa	3g de sal
1 colher de chá	5g de sal
1 colher de café	4g de fermento em pó
1 colher de sopa	15g de fermento em pó
1 maço de salsa	80g
1 colher de sopa de salsa picada	10g
1 colher de chá de coentro em pó	5g
1 colher de sopa de coentro picado	10g
1 colher de café de açafrão	6g
1/4 de colher de chá de pimenta-do-reino moída	5g
1 colher de chá de raspa de casca de limão	20g
1 dente de alho	5g

English Translation

Entrées

Gazpacho
ANTIQUARIUS
SÃO PAULO

2 boiled eggs
2 slices of crustless bread, diced and fried
50g fried garlic (1 head)
320g peeled and seeded tomatoes (4 medium size tomatoes)
2 slices of bread soaked in olive oil
salt to taste
pepper to taste
75g diced cucumber (1 medium size cucumber)
100ml oil (10 tablespoons)
50ml vinegar (5 tablespoons)
400ml water (2 cups)

Utensil:
mixer

1. Fry the garlic in oil. Place on kitchen p
2. Fry the bread cubes in the rest of the oil. Set aside.
3. Mix the garlic and the boiled eggs in the blender. Add 3 tomatoes and the bread soaked in olive oil.
4. Mix well, add vinegar, salt, pepper and water.
5. To serve, place cubes of fried bread and raw cucumber on top, as well as remaining tomato, also diced.
6. Serve chilled.

Wine: a good *jerez* would make an attractive partner to this combination of flavors.

Green Tomatoes in Spinach Crust and Chutney
BISTRÔ D'ACAMPORA
FLORIANÓPOLIS

160g green tomatoes (2 large tomatoes)
15 large spinach leaves
100g brie cheese cut into strips
1/2 leek (white section only)
40ml fresh cream (4 tablespoons)
20ml extra-virgin olive oil (2 tablespoons)
salt and pepper to taste
50g wheat flour (1/2 tea cup)
8 green lettuce leaves
8 rocket leaves
8 purple lettuce leaves

Chutney:
160g mature and peeled tomatoes (2 medium size tomatoes)
30g sugar (3 tablespoons)
salt and pepper to taste
10ml white wine vinegar (1 tablespoon)

Utensils:
8cm metal molds

1. Blanch spinach leaves: place them in boiling water and then immediately in cold water to interrupt cooking. Set aside.
2. Slice tomatoes, take off skin and fry in extra-virgin oil for around 3 minutes. Set aside.
3. Cut *brie* cheese in strips and set aside.
4. Cut leek Julienne style (long thin strips), season with salt and pepper, sprinkle with wheat flour and fry in extra-virgin oil.
5. Chutney: heat tomato and sugar and cook for around 10 minutes. Add vinegar, salt and pepper to taste. Add sugar if necessary and fresh cream. Set aside.
6. Assembly: line the 8cm molds with spinach leaves, cover with layer of *brie* slices and small amount of tomato chutney. Repeat process and top with a round slice of tomato.
7. Place in oven for 5 minutes.
8. Remove from mold onto plate, serve with seasoned leaves. Decorate with fried leek and the rest of the tomato chutney.

Wine: although having some strong flavor ingredients, the final result is tempered by the tomato chutney. A Merlot from Trentino would contribute for a better result.

Parmegiano Style Shrimp and Tomato Shells
WANCHAKO
MACEIÓ

12 large shrimps, peeled, topped, tailed and cleaned
300g tomatoes, peeled and diced (4 medium size tomatoes)
50g butter (2 tablespoons)
40g grated Parmesan cheese (4 tablespoons)
1 pinch of salt
1 pinch of ground white pepper
1 pinch of dried parsley
1 pinch of paprika
40ml pisco, Peruvian rum made of grapes (4 tablespoons)
crisp lettuce leaves and limes for decoration
40ml olive oil (4 tablespoons)

Utensils:
4 large fan-shaped shells

1. Arrange 3 cleaned shrimps in each fan-shaped shells.
2. In each shell, place 1 flat tablespoon of butter on top of the shrimps.
3. On top of butter, sprinkle 1 flat tablespoon of grated Parmesan cheese.
4. Season diced tomatoes with a pinch of salt, a pinch of white pepper and olive oil.
5. Place seasoned tomatoes on Parmesan cheese, covering the surface of each shell.
6. Finally, lace tomatoes with 1 spoon of pisco and then sprinkle with paprika and dried parsley.
7. Place in oven for approximately 5 minutes to brown.
8. Serve four shells in a nice dish (preferably black), decorated with crisp lettuce and limes.

Wine: this very rich dish has ingredients with a marked flavor, which leads us to opt for a moderate bodied white wine such as Gewürztraminer.

Tomato Salad with Sumac and Arak
ARÁBIA
SÃO PAULO

400g persimmon tomatoes (4 large tomatoes)
80ml arak (Arabian liquor) (8 tablespoons)
salt to taste
15g sumac, red colored Arabian seasoning (2 dessertspoons)
150g large black olives
mint leaves
olive oil

Garlic paste:
50g garlic (10 cloves)
20ml of lime juice (2 tablespoons)
olive oil
salt

Utensil:
blender

1. Withdraw the eyes of the tomato cutting in a cone shape as far as the middle, and fill holes with *arak*.
2. Stand for 15 minutes for tomatoes to absorb *arak*.
3. Fill with garlic paste up to top.
4. Cut tomatoes into 4 equal slices.
5. Sprinkle with *sumac*, season with olive oil and salt (if necessary).
6. Garnish with mint leaves and olives.
7. Serve immediately.

Garlic paste:
1. Peel garlic cloves and put them in blender.
2. Add a pinch of salt and blend until it is creamy.
3. Without stopping blender, add olive oil little by little until the mixture is consistent and cannot absorb any more oil.
4. Stop blending and mix in lime juice.

Wine: the *arak* and garlic predominate in this dish and call for a white wine, possibly a young Pouilly-Fumé with its smoky bouquet.

Tomato Tartar on Cheese Bed
Chez Georges
Olinda

320g firm tomatoes (4 medium size tomatoes)
100g diced onion (2 medium size onions)
4 chopped spring onions
10g chopped garlic (2 cloves)
1 chopped chili pepper
10g grated ginger (1 tablespoon)
30ml olive oil (3 tablespoons)
juice of 1 lime
salt to taste
400g fresh curd cheese
1 bunch of coriander, chopped
coriander leaves, whole
coriander seeds, crushed
chopped coriander to decorate

To accompany:
Sliced baguette.

1. Peel and seed tomatoes.
2. Dice tomatoes (using sharp knife so as not to damage them).
3. Place in bowl and add onion, spring onion, garlic, chili pepper, ginger and finely chopped coriander.
4. Add lime juice, olive oil and salt. Mix well and place in refrigerator for one hour.
5. Cut curd cheese in thin strips, in triangular shape.
6. Arrange curd cheese slivers on plate, forming a star shape. Place *tartar* in center and decorate with chopped coriander, whole coriander leaves and crushed coriander seeds.

Wine: as accompaniment suggestion, the bread helps to make tasting more pleasurable, and may be enriched by a dry white wine from the Abruzzo region of Italy, of the Trebbiano grape type.

Amalfi Style Mousse
Giuseppe
Rio de Janeiro

Mousse:
500g ripe tomatoes (7 medium size tomatoes)
2 eggs
100g fresh cream (10 tablespoons)
5g salt (1 teaspoon)
12 basil leaves

Shrimp:
300g king shrimp
20g chopped onion (2 tablespoons)
8g garlic (2 cloves)
5g coriander (1 teaspoon)
a pinch of pepper
3g salt (1 flat teaspoon)
20ml olive oil (2 tablespoons)
30g tomato pulp (3 tablespoons)
2 limes
24 cherry tomatoes and basil leaves for decoration

Utensils:
molds, blender, wire whisk, sieve.

1. Top and tail shrimp, then wash with limes.
2. Prepare sauce with olive oil, onion, garlic, salt, pepper and coriander and add tomato pulp.
3. Add shrimp, replace saucepan lid and cook for 4 to 5 minutes.
4. For the mousse: seak tomatoes in boiling water and then in cold water to loosen skin.
5. Take out tomato seeds.
6. Cook tomatoes on low heat, stirring constantly until a *purée* consistency is obtained.
7. Place in sieve merely to let juice run off, without pressing the tomatoes.
8. Mix the tomato *purée* in blender, add eggs, basil and salt. Blend well.
9. Pour into bowl and add cream, mixing with wire whisk.
10. Place in molds greased with olive oil and place in oven in *bain-marie*. After 10 minutes, cover with aluminum foil and leave in oven for a further 30 minutes. Check if cooked and remove from mold onto serving plate. Decorate with cooked shrimp, cherry tomatoes and basil leaves.

Wine: the aromas are the glory of this dish. We suggest an equally aromatic and fresh white wine. Bianco de Custosa, from the Venet region in Italy.

Fortaleza Dream
La Via Vecchia
Brasília

320g persimmon tomatoes (4 medium size tomatoes)
220g rock lobsters, cleaned
150g sun-dried meat, shredded and fried
150g diced orange melon
50ml corn oil (5 tablespoons)
500ml water (2 1/2 cups)
1 bay leaf
100ml white wine (1/2 cup)
5 grains of black pepper

Coriander vinaigrette:
5g coriander powder (1/2 teaspoon)
10g coriander (finely chopped leaves) (1 tablespoon)
50ml olive oil (5 tablespoons)
40ml white wine vinegar (4 tablespoons)
1 pinch cardamom powder
salt and ground pepper
lime juice

Utensil:
wire whisk

1. Cut tops off persimmon tomatoes and take out seeds. Set aside.
2. Cook the shelled rock lobsters in boiling mixture: 500ml water, white wine, bay leaf, peppercorns for a maximum of 5 minutes.
3. Cook the sun-dried meat until it becomes less salty and tender. Shred and fry in hot corn oil until it becomes crunchy. Set aside to cool.
4. Peel and dice melon. Drain for half an hour, saving juice. Set aside.
5. *Vinaigrette*: mix olive oil and vinegar with wire whisk until they emulsify, add other seasoning, mixing well, including the melon juice. Season with salt and pepper.
6. To serve, mix *vinaigrette*, rock lobster and melon. Stuff the tomatoes and sprinkle sun-dried meat on top.

Wine: a different and exotic mix that can be enriched with a dry white concentrated wine from the Bordeaux region of France.

Provence Style Tomato Nest
La Casserole
São Paulo

360g firm tomatoes (4 large tomatoes)
salt and pepper
4 eggs
olive oil for greasing

Sauce:
10g garlic (2 cloves)
50g onion (1 medium size onion)
100g black olives

12 grains of juniper
8 sage leaves
30ml olive oil (3 tablespoons)
salt and pepper
2 sprigs of thyme

1. Pre-heat oven to 180°C.
2. Wash and dry tomatoes. Cut off tops lengthwise and with a small spoon, empty out tomatoes, saving the pulp.
3. Season the insides with salt and pepper, replace tops, and put in oven on dish greased with olive oil for approximately 10 minutes.

Sauce:
1. Chop onion and garlic.
2. Dice tomato pulp.
3. Fry garlic and onion in olive oil until golden brown, add pulp, olives, juniper, thyme and sage.
4. Season with salt and pepper and cook for around 10 minutes on medium heat.
5. Take tomatoes out of oven and fill them half-full with sauce.
6. Break an egg into each tomato and place in oven for a further 15 minutes.
7. Serve hot with the remaining sauce.

Wine: this recipe with eggs and herbs requires an aromatic, well-structured wine, like a Chardonnay from California.

Hot tomatoes on Green-bay Nest
ENOTRIA
RIO DE JANEIRO

300g cherry tomatoes (32 tomatoes)
150ml balsamic vinegar (15 tablespoons)
40ml honey (4 tablespoons)
120g butter (5 tablespoons)
4 leaves crisp lettuce (1 leaf per portion)
4 leaves chopped green lettuce (1 leaf per portion)
4 leaves purple lettuce (1 leaf per portion)
16 leaves endives (4 leaves per portion)
300g salad tomatoes (1 medium size tomato per portion)

1. Put balsamic vinegar into pre-heated dish, adding honey, butter and cherry tomatoes.
2. Take out cherry tomatoes after cooking, leaving sauce to thicken. Set aside.
3. Take off skins of salad tomatoes and roll them to make rose buds.
4. If sauce gets very thick, mix in a touch of water.
5. In the middle of each plate, place the chopped green lettuce, and arrange 1 crisp lettuce leaf, 1 purple lettuce leaf and 4 endive leaves around it.
6. Cover the endives with cooked cherry tomatoes and pour sauce onto remaining leaves. Place tomato skin bud on top of the chopped lettuce in the middle of the plate.

Wine: a pleasant combination of leaves and balsamic vinegar, which could be enhanced by a young Frascati.

Three-tomato Pie
OFICINA DO SABOR
OLINDA

Filling:
300g canned peeled tomatoes
800g peeled tomatoes (8 medium size tomatoes)
200g cherry tomatoes
100g persimmon tomatoes (1 tomato)
50g butter (2 tablespoons)
50ml olive oil (5 tablespoons)
250ml cream (1 can)
30g corn flour dissolved in water (3 tablespoons)
1/2 bunch of wide leafed basil (1 teacup)
200g camembert
400g curd cheese

Dough:
500g wheat flour (5 cups)
150g butter (6 tablespoons)
1 egg
grains of bean

Utensil:
mold with a detachable bottom

1. Place the flour into a marble surface. Open a hole in the middle, add butter and egg and mix with fingertips until a consistent dough is formed. Let the dough stand for 10 minutes. Line the dough in a mold with a detachable bottom. Put in oven for approximately 10 to 15 minutes. When baking the dough, fill in the mold with grains of beans to stop from rising (these will be discarded once the dough is cooked).
2. Filling: melt the butter in a saucepan, add the olive oil and the canned peeled tomatoes. Mix and crush the regular tomatoes cut into strips. Add cream. Mix and cook well. Thicken with corn flour.
3. Lastly, add the cubes of curd cheese, mix well and add the basil.
4. Line the baked dough with persimmon tomatoes cut into round slices. Next, add the filling. Dress with slices of *camembert* and cherry tomato. Place in oven until cheese melts.

Wine: this combination of tomatoes results in a dish with a good concentration of flavors. As an accompaniment, a red, medium-bodied Barbera wine from Piemonte will add to the pleasant experience.

Tomato Chutney with Provolone
LA SAGRADA FAMILIA
NITERÓI

500g fresh provolone
1kg ripe red tomatoes
400g sugar (1 1/2 cups)
20g cloves (15 cloves)
fresh basil leaves to decorate

Utensil:
hot plate with crimped surface for grilling

1. Boil tomatoes, peel and take out seeds.
2. Arrange tomatoes in large saucepan, forming first layer. Cover with fine layer of sugar and sprinkle with 5 cloves. Form various equal layers and place in low oven for around 3 hours. The *chutney* is ready when the tomatoes are substantially dried out, when they become bright red in color and the consistency of not-so-thick *chutney*. Set aside.
3. To serve, grill provolone cut in 2cm high slices on a hot plate. Grill slices on both sides.
4. Arrange individual portions: on each plate, place a slice of provolone and cover with the hot tomato *chutney*.
5. Dress with fresh basil leaves.

Wine: the sweetness of the tomato *chutney*, counterbalanced by the sacred provolone. To give harmony to this combination, I suggest a subtle, sweet white wine that is light and full of aroma, such as an Asti Spumanti from Italy.

Tomatoes Stuffed with Camembert Soufflé
MARCEL
SÃO PAULO

400g large, firm, ripe tomatoes (5 medium size tomatoes)
25g butter (1 tablespoon)
20g wheat flour (2 tablespoons)
120ml milk (1/2 cup)
grated nutmeg to taste
30g grated Parmesan (3 tablespoons)
150g camembert
4 egg whites
salt to taste
ground pepper

1. Cut tomato tops and take out pulp, leaving them ready for stuffing.
2. Melt butter on low heat, add wheat flour, and stir until golden brown. Add milk in stages, mixing until creamy consistency is formed.

Add nutmeg and 100g of *camembert*, season with salt and pepper and continue stirring until cheese melts, forming a dough.
3. Beat the egg whites until fluffy.
4. Slowly add egg whites to *soufflé* dough.
5. Place rest of *camembert* at the bottom of each tomato and fill it with *soufflé*.
6. Sprinkle Parmesan cheese and place in pre-heated over (200°C) until *soufflé* turns golden brown.
7. Serve immediately.

Wine: camembert makes its presence in this dish, and this leads us to choose a mature wine to compliment it: this characteristic can be found in a red Pomerol.

Gazpacho with Crawfish Bavaroise
RANCHO INN
RIO DE JANEIRO

240g tomatoes, peeled and seeded (3 medium size tomatoes)
25g red pepper, peeled and seeded (1/2 medium size pepper)
75g cucumber, peeled and seeded (1 medium size cucumber)
25g onion (1/2 large onion)
1/2 stem of celery
5g garlic (1 clove)
cayenne pepper to taste
white pepper and salt to taste
500ml water (2 1/2 cups)

Crawfish bavaroise:
400g crawfish (peeled)
150g white fish
150ml cream (15 tablespoons)
2 egg whites
salt and white pepper to taste
butter for greasing
springs of dill or cherry tomatoes for decoration.

Utensils:
four 12cm molds, food processor, blender, fine sieve

1. For the *gazpacho*: mix all ingredients in blender.
2. Place in refrigerator for 8 hours.
3. For the *bavaroise*: blend fish in the food processor. Next, add crawfish. Add remaining ingredients until mousse is formed. Pass through fine sieve.
4. Grease four 12cm molds with butter, place mousse and cook in oven (200°C) in *bain-marie*, covered with aluminum foil, for approximately 20 minutes. Stand to cool.
5. Remove the *bavaroises* from the molds into soup dishes and pour in *gazpacho* until half full.
6. Dress dish with sprigs of dill and/or cherry tomato.

Wine: the traditional *gazpacho* here gains an ally that will bring out the flavor of the tomato. The crawfish adds more aroma to the recipe. Therefore we can opt for a New World white wine, such as an Australian Chardonnay.

Carpaccio Chutney
PAX DELÍCIA
RIO DE JANEIRO

320g tomatoes (4 medium size tomatoes)
20g crushed garlic (4 cloves)
4 sprigs of fresh thyme
pepper
salt
50ml extra-virgin olive oil (5 tablespoons)
400g of finely chopped roast beef or 4 meat carpaccio
150g buffalo mozzarella (4 balls, each cut into 8 pieces)
24 rocket leaves
1 lime

Carpaccio:
If you do not have a meat cutter, we recommend that you purchase the *carpaccio* ready to use. Clean the roast beef, taking out fat and nerves. Maintain the original round shape of meat. Wrap it in cling film. Place in freezer until it completely hardens. Take out shortly before serving. Cut in 1mm strips.

1. Peel and seed tomatoes. Cut in half and arrange in oven dish. Place thin slices of garlic on top of tomatoes, sprinkling them with thyme, pepper and salt to taste. Pour on extra-virgin olive oil. Place in pre-heated over (180°C) until garlic turns golden brown.
2. Line each plate with *carpaccio* strips, season with salt and lime juice. Arrange rocket leaves in center. Arrange the buffalo *mozzarella* pieces around the edge, interspersing with tomatoes, that should be cut into four parts. Pour on the source in which they were cooked.

Wine: the *carpaccio* here is presented with noble ingredients, which enhance its taste. A good Dolcetto would suit it well.

Tomatoes in Cheesecake
MISTURA FINA
RIO DE JANEIRO

50g butter (2 tablespoons)
60g wholemeal cream crackers (9 crackers)
20g grated Parmesan cheese (2 tablespoons)
5g ground pepper (1/4 teaspoon)
20g lime peel shavings (1 teaspoon)
25ml extra-virgin olive oil (2 1/2 tablespoons)
1 chopped leek (white section only)
2 sprigs of chopped spring onion
600g tomatoes, peeled, seeded and chopped (7 large tomatoes)
100g dried tomatoes
300g cream cheese
20g wheat flour (2 tablespoons)
60g fresh cream (6 tablespoons)
2 eggs
1 egg yolk
salt and pepper
rocket leaves to decorate

Purée:
250g peeled, seeded tomatoes (3 medium size tomatoes)
salt and pepper
Tabasco sauce
25ml extra-virgin olive oil (2 1/2 tablespoons)

Utensils:
food processor, blender, detachable mold 20cm diameter, rubber spatula

1. Melt butter in *bain-marie* and set aside.
2. In blender put: cream crackers, grated Parmesan cheese, ground pepper and lime shavings. Blend, put into another recipient and add melted butter, mixing in well.
3. With this mixture, line bottom of mold 20cm in diameter; leave to stand in refrigerator.
4. Heat olive oil in frying pan, add leek and cook for 3 minutes until soft. Add spring onion, tomatoes and dried tomatoes. Cook on medium heat for 5 minutes, stirring occasionally. Sprinkle with wheat flour, mix in well and leave to cool.
5. In the food processor, blend cream cheese for 1 minute; add cream, eggs and egg yolk and blend for 1 minute. Add the tomato preparation and blend for a further 1 minute. With a rubber spatula, clean sides of blender, season with salt and pepper, and blend for 30 seconds.
6. Cover the already prepared mixture with the filling and bake for 30 to 50 minutes in pre-heated (180°C) or until the sides raise and the middle is still soft.
7. Take out of oven, leave to cool and place in refrigerator for at least 6 hours prior to serving.
8. To make the *purée*, put tomatoes, salt, pepper and Tabasco sauce in blender, and when the mixture is

consistent, add – with blender in motion – olive oil until well mixed.
9. Remove cheesecake from mold onto serving dish, dress with rock leaves and serve fresh tomato *purée* separately.

Wine: the combination of different ingredients requires attention. The tomato predominates in the final results, and its acidity is duly controlled. A dry Espumanti from the Lombardy region of Italy would meet this challenge.

Tomato and Tuna Mille-feuille
SPLENDIDO RISTORANTE
BELO HORIZONTE

420g onion (4 large onions)
150g eggplant (3 medium size eggplants)
250g tomatoes (3 medium size tomatoes)
(cut vegetables in pieces of same size)
300g fresh tuna
500ml extra-virgin olive oil, seasoned with garlic, thyme and rosemary (2 1/2 cups)
1 bunch large leafed basil
salt and ground pepper

Cream:
12ml lime juice (1 tablespoon)
12ml soya sauce (1 tablespoon)
60g sugar (6 tablespoons)
25ml nam pla sauce (Thai fish sauce) (2 1/2 tablespoons)
10ml mineral water (1 tablespoon)
Tabasco sauce
70g lime peel shavings (5 tablespoons)
40g ginger crushed into paste (4 tablespoons)
30g garlic crushed into paste (3 tablespoons)
200g goat's cheese

Tomato purée:
20ml extra-virgin olive oil (2 tablespoons)
5g crushed garlic (1 clove)
15g crushed ginger (1 1/2 tablespoons)
180 tomatoes, peeled, seeded and diced (2 large tomatoes)
80ml chicken stock (8 tablespoons)

Chicken stock (1 liter):
200g chicken bones
50g onion (1 medium size onion)
50g carrot (1 medium size carrot)
1 bay leaf
8g garlic (2 cloves)
2 sprigs of parsley
500ml water (2 1/2 cups)
Cook for 30 minutes on high heat and then strain.

Utensils:
six 5cm diameter metal or plastic molds, mixer, blender

1. Chop onion and eggplant in fine slices of the same size.
2. Add salt and pepper and drench in seasoned olive oil.
3. Grill the vegetables on both sides and set aside in the refrigerator.
4. Cut the tuna fish into thin slices, add salt and pepper. Grease frying pan with olive oil and cook briefly, leaving fish raw on the inside. Set aside in the refrigerator.
5. Cut the tomatoes in thin round slices (same size as onion and eggplant) and inside the mold, intersperse the slices of tomato, onion, eggplant and the basil leaves, pouring on seasoned olive oil. Continue with the tuna slices and repeat operation once more, finalizing with a slice of tomato. Place a weight on top and leave in the refrigerator for at least one hour.
6. For the cream: mix the ingredients well (except the cheese) and leave to stand for 24 hours.
7. Strain the sauce. Add the cheese and mix well. Blend at medium speed in mixer until a creamy consistency is obtained (add more cheese or more water if necessary).
8. For the tomato *purée*: heat the olive oil, add the garlic and ginger and cook until golden brown. Add the tomato and the chicken stock, fry on a low heat for ten minutes, turning the whole time.

9. Put in blender, strain and add salt if necessary.
10. Take the tomato and tuna molds from the refrigerator and drain off excess olive oil.
11. Place in middle of plate, remove ingredients from mold and serve with cream of goat's cheese, lime and the tomato and ginger *purée*.

Wine: a great variation of ingredients, but the tuna is present in the final taste. It requires a medium bodied wine, in which tannin is not dominant. A Merlot from the New World would be a good choice.

Tomatoes in Jambu Pesto
LÁ EM CASA
BELÉM

640g tomatoes (4 tomatoes, 160g each)
1 bunch of jambu (typical Pará leaf)
120g Brazil nuts
100ml olive oil (10 tablespoons)
100g Parmesan cheese (10 tablespoons)
salt to taste
green leaves for decoration (green, purple or crisp lettuce etc.)

Utensil:
blender or food processor

1. Top the tomatoes, take out seeds, drain and set aside.
2. Only use the most tender *jambu* leaves and stalks.
3. Make the *pesto* using the *jambu*, Brazil nuts (saving two) and the olive oil in blender. When the mixture is consistent, pour out of blender and add 80g of Parmesan cheese.
4. Stuff tomatoes with *pesto*. Grate cheese and the remaining Brazil nuts then place on top of the tomatoes.
5. Grease oven dish with olive oil, and bake tomatoes in medium heat oven (220°C) for around 5 minutes. Once baked, sprinkle with Parmesan cheese to brown in oven.

6. On individual plates and on a bed of varied color leaves, serve the tomato with a dash of olive oil.

Wine: the recipe with *jambu* has a marked taste. A Cabernet Sauvignon from South Africa will enrich this combination of ingredients.

Pasta & Risotto

Green Tagliatelle with Shellfish in Cold Tomato Sauce
ARLECCHINO
RIO DE JANEIRO

160g green tagliatelle
640g ripe tomatoes (8 medium size tomatoes)
100ml extra-virgin olive oil (10 tablespoons)
150g mussels, shelled
100g oysters, shelled
100ml fish stock (1/2 cup)
5g crushed garlic (1 clove)
pepper
salt

Pesto:
20 large basil leaves (do not wash leaves, clean them with soaked bread)
5g crushed garlic (1 clove)
10g grated reggiano Parmesan cheese (1 tablespoon)
10g grated pecorino cheese (2 tablespoons)
15g pinoli
20ml extra-virgin olive oil (2 tablespoons)

Utensil:
mixer or whisk, sieve, blender

1. Cut the tomatoes into quarters, blend in mixer and then strain, emulsify with half the olive oil, salt and pepper and set aside in refrigerator.
2. Clean seafood thoroughly and lightly fry them in pan, turning

constantly, with the remaining olive oil and crushed garlic. Add fish stock.
3. Cook *pasta al dente* in plenty of salted water, drain and mix in seafood. Save a bit of water from *pasta* pan to thin out *pesto* sauce.

Pesto:
1. Using a mixer or whisk, add leaves, the crushed garlic, and a spoonful of olive oil. Stir slowly without heating oil. Little by little, add the cheeses, the *pinoli* and the olive oil, and whisk to form a creamy and consistent mixture. Save the remaining *pesto* for other uses.
2. Place the cream of tomato on the plates, in the middle of the *pasta*, circle with diluted *pesto*, and serve with a dash of extra virgin olive oil.

Wine: with a fine combination of aromas and seafood flavors, there would be no finer partner than a fresh and jovial Chablis.

Fettuccine with Dried Tomatoes and Ricotta
Dom Giuseppe
Belém

320g hard grain fettuccine
3 liters of boiling water
40g garlic (8 cloves)
400ml dry white wine (2 cups)
salt and pepper to taste
200g seasoned dried tomatoes
200g ricotta
40 rocket leaves
150ml extra-virgin olive oil (15 tablespoons)
30g salt to cook pasta

1. Cook the *fettuccine* in the boiling water with 30g of salt until *al dente*.
2. While the *pasta* is cooking, chop garlic finely, and the dried tomatoes in strips; season the *ricotta* with salt and pepper to taste.
3. Fry the garlic in olive oil until golden brown and add dried tomatoes. Hydrate with wine and then mix in the cooked *fettuccine*.
4. Serve onto individual plates, sprinkling around 100g of seasoned *ricotta* on each plate. Decorate with rocket leaves in abundance.

Wine: Nebbiolo, a medium-bodied wine from the Piemonte region of Italy, would go nicely with the dried tomatoes, *ricotta* and rocket leaves.

Tomato, Partridge and Mango Risottto
Il Tramezzino Di Paolo
Novo Hamburgo

320g arborio *rice (3 cups)*
8 partridge breasts
30g mango (1 large mango)
800g tomatoes (10 medium size tomatoes)
50g onion (1 medium size onion)
50g grated Parmesan cheese (5 tablespoons)
100ml red wine (1/2 cup)
1 sprig of fresh rosemary
8g garlic (2 cloves)
50g butter (2 tablespoons)
green seasoning, salt and pepper to taste
1 1/2 liter of water for partridge stock

1. Debone partridge breasts. Set aside meat and bones.
2. Make partridge stock with bones in 1 1/2 liter of water. Boil.
3. Lightly fry deboned partridge breasts in butter with garlic and fresh rosemary.
4. In a saucepan, cook chopped onion in butter until golden brown. Add rice and cook lightly. Then add peeled and diced tomatoes. Add red wine and, little by little, add partridge stock (without bones). Cook for 10 minutes and then put in shredded partridge breasts. After cooking for over 10 minutes, as *risotto* becomes drier, add stock. Before removing from heat, add half the diced mango and green seasoning. Season with salt and pepper to taste.
5. Decorate the dish with remainder of mango and Parmesan cheese.

Wine: the presence of mango in this *risotto* and also in the decoration will give the dish a distinctively sweet flavor. This tasty combination of ingredients calls for an aromatic red wine, but not too dominating, such as a young Pinot Noir from New Zealand.

Dried Tomato and Mushroom Penne
Galani
Rio de Janeiro

320g penne
3 liters water to cook penne
350g fresh cream
100 porcini mushrooms
300ml water to hydrate mushrooms (1 1/2 cup)
100g dried tomatoes
50g onion (1 medium size onion)
80g butter (3 tablespoons)
120g Parmesan cheese (12 tablespoons)
40g parsley (1/2 bunch of parsley)
salt and ground pepper to taste

1. Soak *porcini* mushrooms in water for around 20 minutes. Drain off water, keeping part of it.
2. Cook *pasta* in 3 liters of water until *al dente*.
3. Cook onion with butter in frying pan until golden brown. Add mushrooms and a touch of the water used to soak mushrooms. Next add cream. Season with salt and pepper. Lastly, add *penne*, dried tomatoes and grated cheese.
4. Garnish with chopped parsley and serve immediately while hot.

Wine: the presence of the cream allows us to reccomend a red wine. A Chianti Classico Riserva would be a good choice.

Rice Filled Apple Tomatoes
Dona Derna
Belo Horizonte

320g large, ripe and firm apple tomatoes (4 tomatoes)
150g arborio rice (1/2 cup)
80ml extra-virgin olive oil (8 tablespoons)
10 leaves of thyme
20g parsley sauce (1/4 bunch)
salt
pepper

Utensil:
blender

1. Cut top off tomatoes and spoon out the pulp.
2. Season the inside of the tomatoes with salt and place them head downwards on a grate to drain off the water.
3. Mix the tomato pulp in blender with the rest of the ingredients, except the rice. Add more seasoning if necessary, put 1 1/2 spoon of rice in each tomato, and fill with liquid from the blender, and stir.
4. Replace the tops, wrap in aluminum foil so as not to burn the tomatoes in the oven. Place the rest of the liquid in an oven dish, put in 4 tomatoes and bake in pre-heated oven for 30 to 45 minutes until cooked. This can be served as a first course.

Wine: a delicate first course balanced by the presence of rice: so as not to lose this refinement, a Chilean Merlot, with its joyful bouquet and light body.

Gnocchi Stuffed with Tomato Chutney
Vecchio Sogno
Belo Horizonte

250g wheat flour (1 cup)
1 egg
3 sprigs of parsley
600g potatoes (6 medium size potatoes)

30g chopped onion (1 small onion)
5 sprigs of chopped parsley
25g garlic (5 cloves)
500ml extra-virgin olive oil (2 1/2 cups)
90g Parmesan cheese (9 tablespoons)
600g tomatoes, peeled and seeded (8 medium size tomatoes)
2 bunches large-leafed basil
150ml tomato sauce with basil (1/2 cup)
80g fried pancetta (non-smoked Italian pork), diced
salt
pepper
nutmeg

Utensils:
rolling pin, sieve

1. Bake potatoes with skin, then peel and sieve.
2. Add the wheat flour, egg, 40g of grated Parmesan, parsley and season with salt, pepper and nutmeg.
3. Season tomatoes with salt and pepper.
4. Line oven dish with tomatoes, cover with olive oil and put in oven for 2 hours at 70°C.
5. Drain and dice tomatoes.
6. Fry garlic, onion and tomatoes in frying pan. Add chopped basil and 50g of freshly grated Parmesan.
7. Roll out *gnocchi pasta* and fill with tomato mixture. Cut in half-moon shapes.
8. Cook in boiling salted water for 3 or 4 minutes.
9. Place tomato sauce on plate and cover with *gnocchi*.
10. Cut Parmesan cheese in thin slices, place on top, and place for a few minutes in oven to brown.
11. On serving, place fried *pancetta* on top and dress with basil leaves.

Wine: gnocchi and tomato make the perfect marriage. A Cabernet Sauvignon from Lombardy, Italy, would compliment both, as it is well bodied and has a rich bouquet.

Tomato and Crawfish Tagliolini
VINHERIA PERCUSSI
SÃO PAULO

240g fresh tagliolini
500g crawfish (10 crawfish)
1kg tomatoes, peeled and seeded (14 medium size tomatoes)
1 stem of celery
80g onion (1 large onion)
50ml cognac (5 tablespoons)
80ml extra-virgin olive oil (8 tablespoons)
parsley, spring onion and salt to taste

1. Scald crawfish for a few minutes in a saucepan with plenty of boiling water.
2. Drain and cut into smaller pieces and set aside.
3. Chop onion and celery.
4. Heat olive oil in a medium size saucepan on low heat and add celery and onion until soft and translucent.
5. Peel crawfish and mix with celery and onion in saucepan.
6. Ignite crawfish in *cognac* and then add chopped tomatoes and cook on low heat for a few more minutes until liquid dries. Add salt if necessary and add chopped spring onion and parsley.
7. Cook *pasta* in plenty of salted boiling water and drain when it gets *al dente*. Place *pasta* in saucepan with sauce, heat and serve immediately.

Wine: to enrich the aromas and highlight the flavors of this combination, a subtle Sauvignon Blanc from New Zealand would be excellent.

Tomato Cream with Garganelli in Anchovy and Pepperoni Sauce
RISTORANTE BOLOGNA
FAMIGLIA CALICETI
CURITIBA

Cream:
400g San Marzon ripe tomatoes (4 large tomatoes)
1 bunch of fresh basil
30g butter (1 heaped tablespoon)
50ml dry white wine (5 tablespoons)
5g garlic (1 clove)
salt and pepper to taste

Sauce:
50g red pepper (1 pepper)
50g yellow pepper (1 pepper)
100g filleted anchovy in olive oil (6 fillets)
20g garlic (4 cloves)
50ml olive oil (5 tablespoons)
150g cream (15 tablespoons)
a pinch of oregano
a pinch of chopped parsley

350g garganelli
Parmesan cheese

Utensil:
food processor

1. Cream: place tomatoes for some minutes in boiling water, drain water and peel. Cut in half, seed and dice into medium size cubes. Melt butter in an oven dish, add garlic clove and tomatoes. Leave tomatoes to soak in flavor for some minutes, season with salt and pepper if necessary. Add white wine and cook for 5 minutes. Turn heat off, season with fresh basil, take out garlic clove and blend in food processor until a creamy consistency is obtained.
2. Sauce: wash peppers and bake in a hot oven, turning from time to time until skin begins to rise. Put in a paper bag and let cool in room temperature. Peel and dice. Heat cream and garlic until boiling point. Lower heat, boil for two minutes until it thickens. Take out garlic and add salt and pepper if necessary. In another dish, heat four tablespoons of olive oil, add anchovy fillets and mash with a fork. Heat with garlic, add peppers, season with oregano, salt to taste, parsley and cook for four minutes.
3. Cook *pasta* in plenty of water with salt until *al dente*. Drain and then add cream sauce, stirring well. Next, place in the dish with peppers.
4. Assemble plate, forming a circle with tomato cream in a crown shape, and place *pasta* in middle. Serve with Parmesan cheese.

Wine: a dish of intense flavors and aromas that requires a red wine with strong and lasting bouquet. A mature Cabernet Sauvignon from Australia.

Rice in White Wine with Lobster Tails and Tomatoes
LA VECCHIA CUCINA
SÃO PAULO

400g arborio rice (2 cups)
80g grated onion (1 large onion)
5g chopped garlic (1 clove)
5g crushed garlic (1 clove)
200g butter (8 tablespoons)
150ml dry white wine (1/2 cup)
fish stock (recipe follows)
herbs (basil, chervil, sage, sweet marjoram, parsley, spring onion, rosemary, fresh oregano, dill)
14 lobster tails
50ml cognac (5 tablespoons)
salt and pepper to taste
10g grated Parmesan cheese (1 tablespoon)
20ml olive oil (2 tablespoons)
to fry herbs

Fish stock:
1 1/2kg of saltwater fish remains (head, spine, etc.)
40g white onion (1 medium size onion)
40g purple onion, optional (1 medium size onion)
10g garlic (2 cloves)
1 bouquet-garni (basil, parsley and spring onion, sweet marjoram, 2 bay leaves, dill, tarragon)
2 sprigs of large leaf parsley
1 sprig of leek
3 liters of water
40g carrot
80g tomato (1 medium size tomato)

200ml dry white wine (1 cup)
15 to 20 grains of pepper
6 grains of cardamonon
6 grains of juniper
20g bay salt

Tomato concentrate:
3kg ripe tomatoes
50g onion (1 medium size onion)
50g carrot (1 medium size carrot)
4 stems of celery
20g sugar (2 tablespoons)
salt to taste
Utensils:
drainer, blender, fine sieve

1. Prepare stock: put all ingredients into a saucepan and boil. Cook on low heat for around one hour. Withdraw the fat as it forms on the surface. Strain the stock and set aside.
2. Put 2 tablespoons of butter, onion and chopped garlic into a saucepan.
3. Cook for 1 minute, add rice and cook for another minute.
4. Add white wine and cook until it evaporates.
5. Next, pour in fish stock, bit by bit, to start cooking, stirring all the time.
6. In a separate saucepan, cook lobsters and crushed garlic in 1 tablespoon of butter. Add *cognac* and ignite.
7. When flame dies down, add salt and pepper.
8. After rice has been cooking for 15 minutes, add the cooked lobsters and keep stirring (cook for a further 8 minutes).
9. When rice is *al dente*, add 2 tablespoons of butter and Parmesan cheese.
10. Fry sufficient quantities of each herb (unchopped) in olive oil until crunchy. Take out of frying pan and place on kitchen paper to eliminate excess grease. Set aside.
11. Tomato concentrate: place whole tomatoes cut into 4 or more pieces in a large saucepan along with onion, carrot and celery coarsely chopped. Cook for 1 hour on low heat. After 30 minutes, add salt if necessary and a little sugar to reduce acidity. Take off heat and mix to a consistent cream in blender. Pass through fine sieve and place in oven again for 20 to 30 minutes until thick consistency is obtained.
12. Place 1 ladleful of tomato sauce in dish. Arrange rice and herbs on top.

Wine: the combination of ingredients, allied with the herb flavors, make for striking aromas and relish. A concentrated white wine with a rich bouquet would be the ideal choice, such as a Chardonnay from Tuscany, Italy.

Mediterranean Gnocchi
Portugália
Belo Horizonte

Pasta:
250g peeled tomatoes (1 can)
500g potatoes (5 large potatoes)
150g wheat flour (1/2 cup)
a pinch of nutmeg
salt and pepper to taste
Parmesan cheese to taste (for decoration)

Sauce:
20ml olive oil (2 tablespoons)
15g finely sliced garlic (3 cloves)
500g peeled tomatoes (2 cans)
40g basil (2 tablespoons)
300g buffalo mozzarella
pepper and salt to taste

1. Mix cooked and mashed potatoes with tomatoes and add wheat flour little by little until a firm dough is obtained.
2. Roll out dough and cut *gnocchi* into 1 1/2cm pieces.
3. Cook in large saucepan of boiling water until they rise to surface.
4. Sauce: fry garlic in olive oil and before it gets golden brown, add chopped tomatoes, basil and nutmeg. Cook for approximately 15 minutes, stirring occasionally. Add salt and pepper if necessary. Cut buffalo *mozzarella* into small pieces. Mix into sauce quickly. Sprinkle grated cheese and chopped basil and serve immediately.

Wine: the tomato flavor is toned down by the buffalo *mozzarella* resulting in an attractive and balanced taste. A solid Pinot Noir from the Burgundy region of France would be the ideal red wine.

Guinea fowl Risotto with Tomato Trio
La Gondola
Teresina

300g Italian arborio rice (1 1/2 cup)
400g Guinea fowl chicken breast, diced
100g dried tomatoes, chopped (10 tablespoons)
80g granted Parmesan cheese (8 tablespoons)
400ml ripe tomato juice, peeled and sieved (2 cups)
16 cherry tomatoes, peeled and seeded, cut in halves
30ml extra-virgin olive oil (3 tablespoons)
10g crushed garlic (2 cloves)
200ml white wine (1 cup)
750ml natural chicken stock (4 cups)
75g butter (3 tablespoons)
salt and ground pepper
30g chopped parsley (3 tablespoons)
sprigs of fresh basil for decoration
50g chopped onion (1 medium size onion)
garlic

1. Heat butter in frying pan and add crushed garlic and parsley. Add diced Guinea fowl breast, salt and pepper.
2. Cook for a few minutes until fowl breasts are consistent. Set aside.
3. In a separate saucepan, mix sieved tomato juice with chicken stock on low heat.
4. In a deep oven dish, brown onion and garlic in olive oil for a few minutes.
5. Add rice, letting it fry while stirring with a wooden spoon.
6. Next, add white wine and stir until almost all liquid has evaporated. At this point, lower heat and start adding chicken stock at boiling point (already mixed with tomato juice) to cover rice. As it dries, continue to add chicken stock, stirring all the time.
7. Half way through cooking, add diced Guinea fowl and dried tomatoes. Dissolve the caramelized juices stuck to the bottom of the frying pan used for fowl with a touch of stock and add to the *risotto*. If necessary, season with salt and pepper.
8. The *risotto* will be ready when the rice is *al dente*. At this point, turn heat off and add sliced cherry tomatoes, Parmesan cheese and mix very delicately.
9. Arrange in deep dishes, preferably heated, and dress with sprigs of basil. Serve immediately.

Wine: A Brunello di Montalcino will pair off well with this dish. Both dish and wine with a strong character.

Tomato and Shitake Quiche
Varig no Mundo
Rio de Janeiro

For the dough:
140g wheat flour (1/2 cup)
4g baking powder (1 teaspoon)
a pinch of salt
50ml milk (5 tablespoons)
50ml olive oil (5 tablespoons)

For the filling:
360g tomatoes, peeled and in 8 slices, without pulp (4 large tomatoes)
1 egg
30g shitake mushrooms
50g Italian anchovies (2 small fillets)
5g capers
2 sage leaves

2 sprigs rosemary
2 sprigs of thyme
25g butter (1 tablespoon)
80g gruyère (or similar), coarsely grated (8 tablespoons)
60g cream
4g salt (1 teaspoon)
10ml olive oil (1 tablespoon)

Utensils:
8 molds

1. Heat milk with olive oil.
2. Place wheat flour, baking powder and salt into a bowl.
3. Little by little, add liquid until a consistent dough is formed.
4. Leave to stand for half an hour and make individual quiche molds.
5. Filling: marinate tomatoes with herbs and olive oil for an hour.
6. Fry *shitake* cut into strips in butter with anchovies and capers.
7. Mix cheese with cream, egg and salt.
8. Add cheese mixture to *shitake*.
9. Pour filling into molds and arrange the tomatoes in fan shape on top.
10. Bake in pre-heated oven (180°C) for 25 minutes.

Wine: from the heavens directly to Alsace, a good combination of aromas in this dish allied to the richness of a young Pinot Gris.

Seafood

Tomato, Shrimp and Crawfish Tartar
Cantaloup
São Paulo

60g crawfish
2 large shrimp, topped and tailed
400g tomatoes (5 large tomatoes)
30ml olive oil (3 tablespoons)
20ml Barolo wine vinegar or any strong red vinegar (2 tablespoons)
20g French spring onion (2 tablespoons)
salt and pepper

1. Skin and seed tomatoes.
2. Finely chop and drain excess water. Set aside.
3. Season shrimp and crawfish with olive oil, salt and pepper. Fry very briefly, turning constantly. Dissolve the caramelized juices stuck to the bottom of the soucepan used to fry shrimp with a mixture of vinegar, olive oil and spring onion.
4. Serve on top of *tartar*.

Wine: a fine double-act, shrimp and crawfish, better still on a fresh tomato *tartar*. A nice touch of freshness would go well with this combination, and can be found in a sparkling wine from the Alentejo region of Portugal.

Tomato Dream with Chutney and Seafood
Guimas
Rio de Janeiro

400g tomatoes (5 medium size tomatoes)
200g cuttlefish, cleaned and cut into rings
120g small shrimp, cleaned
16 king shrimp, cleaned
50ml extra-virgin olive oil (5 tablespoons)
10ml sesame oil (1 tablespoon)
45g large black olives of Zappa variety
1 bunch of chives
1 bunch of dill
40g fresh coriander (1/2 bunch)
3g saffron powder (1/2 teaspoon)
salt and pepper to taste

Dream:
100g wheat flour (1/2 cup)
100g corn flour (1/2 cup)
2 egg yolks
75ml beer (8 tablespoons)
75ml water (8 tablespoons)
15g baking powder (1 tablespoon)

Chutney:
750g diced tomato, with skin but without seeds (10 large tomatoes)
150g chopped Calabrian onion (3 medium size onions)
250g brown cane sugar (1 cup)
40ml white vinegar (4 tablespoons)
5g chopped garlic (1 clove)
10g grated ginger (1 tablespoon)
20g curry (2 tablespoons)
olive oil for frying

The tomato is fried in a special batter, stuffed with tomato chutney and grilled seafood and seasoned with saffron. It is served with a *vinaigrette* of extra-virgin olive oil, olives and herbs, with a light sesame flavor.

It is important to follow these stages in sequence:
1. Dream batter: mix all ingredients in bowl until a fine batter (such as for pancakes) is obtained: first mix the liquid ingredients, adding the solids afterwards. Place the batter in refrigerator for 2 hours.
2. Chutney: fry onion, garlic and touch of olive oil in saucepan. When onion turns translucent, add other ingredients, cook for 20 minutes and set aside. If chutney is very sweet, add more vinegar. If sour, cook a bit longer.
3. Marinade: mix in extra-virgin olive oil, sesame oil, round slices of olives and the chopped fine herbs and season cuttlefish and shrimp with salt, pepper and saffron to marinate in a dish for 5 minutes.
4. Top and seed tomatoes, season with salt and pepper, dip in dream batter and fry tomatoes and tomato tops. To stop tomatoes and tops from breaking up, skewer tomatoes with a barbecue stick, dip in batter and fry in very hot vegetable oil.
5. Take seafood out of marinade and cook in heated Teflon frying pan.
6. Arrange fried tomatoes stuffed with hot chutney in center of plate, and encircle with seafood. Pour over remaining marinade.

Wine: besides the natural sweetness of shrimp, there is also brown cane sugar. To counterbalance, a Champagne Brut from Vintage.

Neroni Style Fish
Margutta
Rio de Janeiro

1 1/2kg porgy or white meat fish (sea bass, grouper, striper etc.)
640g peeled tomatoes cut into 6 slices (8 medium size tomatoes)
50g green olives, unseeded (8 olives)
a pinch of oregano
a pinch of pepper
20g crushed garlic (4 cloves)
2 sprigs of rosemary
salt to taste
40ml olive oil (4 tablespoons)
parsley
50ml white wine (5 tablespoons)
150ml water (3/4 cup)
500g potatoes (5 medium size potatoes)

1. Clean fish. Make shallow vertical cut from head to tail.
2. Place fish on board, sprinkle oregano and salt. Place potatoes around fish and the tomatoes on top and around fish. Cover with white wine, water, pepper, garlic and olives. Cook in high oven for 20 to 30 minutes, testing to see when ready (when skin begins to peel).
3. During cooking, pour stock on fish from time to time.
4. To serve: open fish, take out bones, place tomato on top and around fish and potatoes to accompany.

Wine: succulent and tasty, it invites us to drink a medium bodied white wine, with a fresh and happy bouquet such as a Collio, Sauvignon Blanc.

Shrimp with Bean Sprouts in Tomato Sauce
BEIJUPIRÁ
PORTO DE GALINHAS

180g shrimp
180g bean sprouts
300g ripe tomatoes (4 medium size tomatoes)
50ml olive oil (5 tablespoons)
1/2 lime
25g butter (1 tablespoon)
50g chopped onion (1 medium size onion)
30g garlic (6 cloves)
6 stems of celery
10g sugar (1 tablespoon)
50ml Port wine (5 tablespoons)
pepper
salt to taste

1. Mix 4 peeled tomatoes in blender.
2. Place mixture in saucepan with crushed garlic, chopped onion, butter and olive oil.
3. Cook on medium heat for 3 minutes.
4. Add sugar, salt and celery, taking care to dry it first to withdraw water. Leave on heat.
5. Next, take out celery and add wine.
6. After cooking for 25 minutes, put in seasoned shrimp with lime, pepper and cook for 2 minutes.
7. Once shrimp has cooked, add bean sprouts, turn heat off and leave in saucepan for 1 minute.
8. Serve in dishes.

Wine: the final composition of this dish has a great structure. To accompany such varied flavors, a solid white wine, such as a Pouilly-Fuissé would go nicely.

Utensil:
blender

Biscay Style Codfish
ANTIQUARIUS
RIO DE JANEIRO

600g cleaned and desalted cod strips
600g potatoes, cooked and cut in thick round slices (6 medium size tomatoes)
50g butter (2 tablespoons)
30ml olive oil (3 tablespoons)

Utensil:
sieve

Tomato sauce:
200g tomatoes (3 medium size tomatoes)
20ml olive oil (2 tablespoons)
5g chopped garlic (1 clove)
70g chopped onion (1 medium size onion)
50ml dry white wine (5 tablespoons)
a pinch of sugar
1 bunch of basil
salt to taste

1. Cook cod. Take off skin, take out bones and cut into large strips.
2. Cook potatoes and cut into thick round slices.
3. Put frying pan on low heat and add butter and olive oil. When hot, put in cod and potatoes and cook until golden brown.
4. Cook the tomato sauce ingredients until tomatoes break up. Add salt if necessary. Pass sauce through sieve and spoon it over cod.
5. Place in dish and heat in oven for a while before serving.

Wine: the potatoes lessen the acidity of the tomato and the intense taste of the cod. A young red Bairrada of the Baga grape type would complete this homage to Portugal.

Tomato Calabash Stuffed with Cod
CALAMARES
PORTO ALEGRE

360g large tomatoes (4 large tomatoes)
200ml hot water (1 cup)
250g margarine (1 tablespoon)
300g cod, desalted steaks
50g onion (1 medium size onion)
10g chopped garlic (2 cloves)
130ml olive oil (13 tablespoons)
100g uncooked rice (1/2 cup)
10g saffron powder (2 teaspoons)
100ml milk (1/2 cup)
20g wheat flour (2 tablespoons)
20g whipped cream (2 tablespoons)
10g chopped parsley (1 tablespoon)
1 small bunch of rocket
6 cherry tomatoes
salt
200ml hot water
25g margarine (1 tablespoon)

1. Wash, top and seed tomatoes. Place heads downwards, drain and set aside.
2. Skin, debone and shred cod in strips.
3. Put 10 tablespoons of olive oil in a saucepan, add sliced onion and 2 cloves of chopped garlic. Add cod and cook for 10 minutes, stirring constantly.
4. Melt 1 tablespoon of margarine and 1 tablespoon of olive oil in frying pan. Add 2 tablespoons of wheat flour and cook until toasted. Next, add 100ml of hot milk and stir until a cream is formed. Add 2 tablespoons of cream and 1 tablespoon of chopped parsley. Mix well and take off heat.
5. Add cream to already cooked cod until a consistent mixture is obtained. Add salt if necessary.
6. Fill tomatoes with this mixture, replace tops, and put in oven dish in pre-heated oven at 180°C for around 30 minutes.
7. To make saffron rice, put 2 tablespoons of olive oil in a saucepan and mix 100g of rice, frying slightly. Dissolve 2 teaspoons of saffron powder in 200ml of hot water, mix in the rice, add salt and cook on low heat until dry.
8. Place 4 stuffed tomatoes in center of serving dish, and rice at two ends, filling in spaces with rocket leaves. Garnish with cherry tomatoes.

Wine: this is a different way of serving cod: the saffron rice has an important role in the recipe, but it is not dominating. A red wine to go well with this combination would be a Merlot from the Veneto region, with its fine bouquet and tenacity.

Perfumed Tomato with Leek Rice
LUNA BISTRÔ
PRAIA DE PIPA

200g ripe tomatoes (3 medium size tomatoes)
50g fetta cheese
100g medium size shrimp, topped and tailed
2 large shrimp to decorate
basil leaves
100ml provençal sauce (recipe below)

Leek rice:
60g medium size leeks, chopped (4 leeks - save 2 or 3 slices to decorate)
900ml fish stock (basic recipe below)
50ml white wine (5 tablespoons)
25g butter (1 tablespoon)
10g finely chopped onion (1 tablespoon)
100g arborio rice (1/2 cup)

Fish sauce:
1kg fishhead, spine and cleaned leftovers
50g onion (1 medium size onion), cut into 4 pieces
30g carrot, cut down middle (1 small carrot)
1 stem of chopped celery
pepper
bay leaves
1 1/2 liter water

Provençal sauce:
160g tomatoes (2 medium size tomatoes)
50g onion (1 medium size onion)
5g garlic (1 clove)

50ml white wine (5 tablespoons)
1 sprig of thyme and basil

1. Prepare stock (approximately 40 minutes): put all ingredients in saucepan and boil. Cook on low light for around 20 minutes, but no longer than 30 minutes so it does not get bitter. Take fat out as it forms on surface. Strain stock and set aside.
2. Top the tomatoes, but do not seed. Place tomatoes in microwave oven for approximately 2 minutes (high power). Next, test consistency of tomatoes as there may be a difference between one microwave and the next. Tomatoes should be cooked, but still firm. Take off top and take out seeds. Set aside.
3. Grill shrimp, adding the *provençal* sauce.
4. At same time, prepare rice: brown onion in butter, and add rice. When butter has mixed well in with the rice, start adding the stock. Stir constantly for the *risotto* to become creamy. Add the leek, stir well, and add wine. Keep stirring, adding stock until rice becomes *al dente*.
5. Fill tomatoes with diced cheese, and add the shrimp flavor sauce. Place 1 or 2 cubes of cheese at the ends of tomatoes. Place in oven until cheese melts.
6. On a large decorated or colored plate, arrange tomatoes at one end and rice at the other. Garnish rice with leek slices and sprinkle parsley around rice. Lay shrimp next to the tomato and sprinkle with basil. Serve immediately.

Wine: this dish is complex and has intense flavors, and owing to the presence of leek, it requires a wine that compliments this happy relish: a Pinot Grigio would be welcome.

Noodles with Shimeji, Tomato and Shrimp
Kojima
Recife

250g yakisoba *noodles*
100g onion (2 medium size onions)
50g green pepper (1 large pepper)
100g tomato (1 large tomato)
25g chopped olives
200g shimeji *mushrooms*
150g medium size shrimp
50ml oil (5 tablespoons)
salt, parsley and oregano

1. Cook noodles.
2. Cut onions, green pepper, tomato, olives and mushrooms in thin strips.
3. Fry onion until golden brown and add green pepper.
4. Add shrimp, *shimeji* mushrooms and then tomatoes.
5. Season to taste with salt, parsley and oregano, and cook on low heat for approximately 5 minutes.
6. Serve on noodles for *yakisoba*.

Wine: the balance of flavors between the *shimeji* and shrimp welcomes a Chinon Blanc from the Loire valley.

Fish au Gratin in Dried Tomato Sauce
Banana da Terra
Paraty

First part:
600g capucho *fillet (or red snapper or sole) cut into 1cm cubes*
500g cleaned shrimp
1 lime
pepper and salt to taste
80g margarine (3 tablespoons)
20ml oil (2 tablespoons)
50g crushed garlic (3 tablespoons)
160g grated onion (3 medium size onions)
115g finely chopped tomato (4 tablespoons)
200g Catupiry cream cheese (6 tablespoons)
20g parsley and spring onion (1/4 of bunch)

Second part:
80g margarine (3 tablespoons)
20ml oil (2 tablespoons)
110g grated onion (2 medium size onions)
100g dried tomatoes
500ml fresh cream (2 1/2 cups)
50g grated Parmesan cheese (5 tablespoons)
salt to taste

For decoration:
strips of dried tomatoes and chopped parsley

Utensils:
4 molds (4.5cm diameter and 4cm high) to assemble dish, wire whisk, blender, spatula

1. Season diced fish with lime, 1 tablespoon of garlic, pepper and salt. Set aside.
2. Heat oil and margarine in saucepan. Add onion and the rest of the garlic. When golden, add chopped tomatoes and shrimp.
3. Stir from time to time while cooking. The shrimp will give off water and so it has to cook until water is reduced by half. Then add the Catupiry cream cheese, parsley and spring onion. Turn heat off. Set aside.
4. Beat dried tomatoes in a blender with some cream. Once blended, add rest of cream and beat slowly with wire whisk, ensuring it does not curdle. Heat oil and margarine in saucepan, brown onion and add mixture. Heat but do not boil.
5. Arrange molds in a greased oven dish.
6. Divide fish equally among molds. Then divide shrimp without sauce on top of each. Save leftover shrimp and tomato sauces.
7. Pour a small amount of dried tomato sauce on the shrimp, sprinkle with parmesan cheese and place in oven at 250°C for 15 minutes.
8. Add rest of dried tomato sauce and shrimp sauce, heating together, but do not boil.
9. Take fish out of oven and, with a spatula, remove molds from dish and arrange on center of plates.
10. Remove mold itself and pour the heated sauce around the fish.
11. Arrange dried tomato strips in criss-crossed fashion on sauce, then sprinkle with chopped parsley.
12. Serve immediately.

Wine: the complexity of the dish requires a structured white wine, such as a Chardonnay from the Alto Ádige, region of Italy.

Salmon Plaited with Dried Tomatoes
Nakombi
São Paulo

500g cleaned salmon fillets, deboned
500g cleaned sole
300g dried tomatoes
1 bunch water cress
oil for greasing
160g persimmon tomatoes (2 medium size tomatoes)
salt
Ajinomoto seasoning (monosodium glutamate)
pepper

Tepan sauce:
30g carrot (1 small carrot)
30g onion (1 small onion)
20g ginger (2 tablespoons)
5g garlic (1 clove)
1/2 apple
a pinch of Ajinomoto seasoning (monosodium glutamate)
60ml soya sauce (6 tablespoons)
10g sugar (1 tablespoon)
10 drops of sesame oil
60ml white wine vinegar (6 tablespoons)
blend all ingredients in mixer

1. Wash tomatoes and water cress.
2. Cut salmon and sole in strips 1cm high by 20cm long.
3. Season salmon and sole strips with salt, Ajinomoto and pepper.
4. Finely slice dry tomatoes and arrange on one side of sole slices.
5. Make plait: carefully place alongside and upright five slices, alternating between salmon and sole (sole will always be next to dried tomatoes). With another five strips, also alternating, plait along the horizontal line until a web reminiscent of a chessboard is formed (start from middle). Cut edges to make square share.
6. Grease hot plate with oil and place the plaited fillets. Important: place a lid to stifle and grill quicker, cooking each side only once so as not to break up. Turn carefully with spatula.
7. For decoration, finely slice persimmon tomatoes and line center of dish, place plaited fillets on top, arrange some water cress leaves on top and pour on source.

Wine: the preparation method of this dish preserves the full flavor of the fishes. To celebrate this marriage, a soft and velvety white wine that will lend nobility to the combination, such as a Terre Alte do Friuli.

Tomatoes Stuffed with Crunchy Tuna Steak
SUSHI GARDEN
RIO DE JANEIRO

640g tomatoes (8 medium size tomatoes)
40g grated ginger (4 tablespoons)
40g chopped garlic (8 cloves)
80ml sesame oil (8 tablespoons)
250ml soya sauce (1 cup)
250ml water (1 cups)
150g shitake mushrooms
200g dark roasted sesame
star anise (6 pods)
20g grain pepper (20 grains)
800g cleaned tuna fillet
4 sprigs of crisp parsley for decoration
5ml soya oil (1/2 tablespoon)

1. Top and seed 4 tomatoes. Chop remaining tomatoes into small pieces.
2. Set aside pulp, chopped tomatoes and tops.
3. Mix ground pepper, grated anise and 100g toasted sesame. Set aside.
4. Cut mushrooms in strips, removing stem.
5. Place sesame oil and garlic in frying pan and brown. Add ginger and soya sauce and cook a little more. Add chopped tomatoes and pulp.
6. On low light, stir with wooden spoon. Add water. When tomato is near to breaking up, add the cut *shitake* and leave to hydrate.
7. While preparing sauce, put the seeded tomatoes on hot plate, cook slowly to avoid darkening.
8. Heat a touch of soya oil in frying pan and add tuna whole. Cook until color changes, turn over, cooking the outside and leaving inside raw.
9. Remove tuna from frying pan and dip it in already prepared manioc meal.
10. Cut into slices.
11. Place 1 tomato in center of plate and encircle with tuna slices, like sun rays.
12. Fill tomato with tomato sauce and *shitake* and pour sauce onto the tuna steak as well. Sprinkle with sesame and garnish with crisp parsley.

Wine: the soya sauce is fried, what brings harmony and reduces acidity. The presence of tuna requires a light bodied and balanced wine, such as a Chinon from the Loire valley.

Cod and Tomato Panada
O NAVEGADOR
RIO DE JANEIRO

500g dried cod
8 small baguettes
180ml olive oil (18 tablespoons)
20g chopped garlic (4 cloves)
50 sliced or finely chopped onion (1 medium size onion)
1 bay leaf
200g ripe tomatoes or seedless pelatti (2 large tomatoes)
20g chopped coriander (2 tablespoons)
250ml shrimp or fish stock (1 cup)
4 eggs
round bread or bun to serve panada
8 cherry tomatoes
4 lettuce leaves
fresh coriander to garnish
salt
sherry vinegar

1. The day before, leave cod cut into 5cm steaks to soak in cold water, changing water 5 times.
2. Next day, in another recipient, leave *baguette* to soak in filtered water.
3. Drain water from cod and set aside.
4. Put plenty of olive oil, chopped garlic, finely chopped onion, and bay leaf in saucepan.
5. Brown and then add cod with skin facing upwards.
6. Cook on low heat until onion softens.
7. Fork test the cod to see if cooked; if so, remove it from saucepan, remove skin and bones, shred and return to same pan.
8. Then add bread (well squeezed to drain water), tomatoes and chopped coriander.
9. Steadily add shrimp or fish stock until creamy consistency is obtained.
10. Whisk with wooden to break up mixture.
11. To serve, take off heat and add whole eggs, pour in sliver of extra-virgin olive oil and chopped coriander. Beat vigorously again.
12. If bread crumbs have hardened, pour on a little more stock.
13. Serve inside round bread such as bun or country loaf. Decorate with cherry tomatoes and fresh coriander accompanied by a green salad seasoned with olive oil, salt and sherry vinegar.

Wine: a rather fatty fish and rich in flavor. Owing to its marked palate and succulence, a good partner would be a Chablis Premier Cru, a well-structured white wine with its oak-reminiscent bouquet.

Poultry and Meat

Manioc Gnocchi in Tomato Sauce and Free-range Chicken
DIVINA GULA
MACEIÓ

600g cooked manioc
175g wheat flour (1 1/2 cups)
30ml butter (3 tablespoons)
10g salt (1 tablespoon)

Sauce:
750g tomatoes (10 medium size tomatoes)
50ml olive oil (5 tablespoons)
100g onion (1 large onion)
30g garlic (6 cloves)
20ml soya sauce (2 tablespoons)
50g of Parmesan cheese (5 tablespoons)
100g white cheese (Minas variety)
4 sprigs of basil
500g free-range chicken with bone
1/4 chili pepper

Utensil:
meat grinder

1. Mince the cooked manioc, leave to cool, add wheat flour, butter and salt. Mix well until a consistent dough is obtained. Sprinkle wheat flour onto marble table, roll out finger-width dough portions and cut into small pieces.
2. Put salted water to boil and add *gnocchi* little by little. They will rise when cooked. Remove from saucepan and drain well.

3. Sauce: boil the chicken and shred, saving cooking juice.
4. Place olive oil in casserole dish, heat onion and garlic until brown. Add shredded chicken. When golden, add peeled and seeded tomatoes, 1 cup of chicken stock (juice leftover), Parmesan cheese and chili pepper. Boil for 10 minutes. Add basil and soya sauce. Turn heat off and put lid on saucepan.
5. Arrange *gnocchi* in a dish, alternating layer of *gnocchi* with layer of white cheese (Minas variety) and layer of sauce. End with layer of sauce.

Wine: the flavor of this dish and its very distinctive ingredients call for a well-structured wine with an intense bouquet, such as Sangiovese from Tuscany, Italy.

Sun-dried Meat Basket in Green Tomato Sauce
FOGO CAIPIRA
CAMPINA GRANDE

400g ripe and firm tomatoes (4 large tomatoes)
salt and pepper to taste

Filling:
10ml oil (1 tablespoon)
30g grated onion (1 small onion)
5g crushed garlic (1 clove)
100g sun-dried meat, cooked and shredded
2 sprigs of parsley
2 spring onions
100g cream cheese (4 tablespoons)
salt to taste

Sauce:
200g chopped green tomatoes (2 large tomatoes)
20ml olive oil (2 tablespoons)
5g crushed garlic (1 clove)
30g chopped onion (1 small onion)
a pinch of nutmeg
1 bay leaf (small)
1g (1 teaspoon or 10 grains) grain pepper in herb bag
250ml water (1 cup)

Utensil:
blender, sieve

1. Wash and dry tomatoes. Next, cut into basket shapes. Withdraw seeds and season insides with salt and pepper to taste. Set aside.
2. Filling: fry onion, garlic and sun-dried meat in oil, stirring occasionally. Add parsley and spring onion and stir. Add salt if necessary. Take off heat. Set aside.
3. Sauce: fry garlic, onion and tomatoes in olive oil, add nutmeg, bay leaf, herb bag and water. Cook until half water evaporates. Take out bay leaf and herb bag. Mix in blender until consistent sauce is obtained, and sieve.
4. Fill each seasoned tomato (described in item 1) with sun-dried meat and sauce (item 3) and finalize with cream cheese. Arrange in oven dish, pour on olive oil and cook in oven for 15 minutes.

Wine: the distinctive and dominating flavor of sun-dried meat, together with the other ingredients, makes this a rich dish. To harmonize this, a full bodied red wine with pungent aromas is required. A Malbec from Argentina would brilliantly enhance this recipe.

Basque Style Tomato Fondue and Pork Chops
LA BOURGOGNE
SÃO PAULO

2kg ripe and firm tomatoes
20ml olive oil (2 tablespoons)
10g garlic (2 cloves)
1 bouquet-garni (3 sprigs of parsley, 3 sprigs of thyme, 1 spring onion stem, 1 bay leaf, 1 whole dedo-de-moça chilies, 2 leek stems)
salt, pepper
200g cooked ham, diced
100g chopped onion (2 medium size onions)
100g green and red peppers cut into strips (2 of each)
1kg pork steak or rib (8 thin slices)
50g butter (2 tablespoons)

1. Choose firm, red tomatoes. Wash tomatoes.
2. Carve cross on bottom of each tomato with sharp knife.
3. Blanch tomatoes for 1 to 2 minutes for skin to unpeel.
4. Peel off skin. Cut into 4 and take out seeds. Cut into large cubes.
5. Rub clove of garlic in a saucepan. Add olive oil, tomatoes, whole garlic cloves, the *bouquet-garni*, salt, pepper, diced ham, onions and peppers. Cook on low heat for approximately one hour. Remove *bouquet-garni*.
6. In frying pan, melt butter and fry steaks or chops already seasoned with salt and pepper.
7. On dish, make tomato *fondue* bed and place grilled chops on top.

Wine: the pork chops require red wine to enhance their flavor and neutralize the excess of grease. The tannin and aromas of a Tempramillo from Rioja would be welcome.

Tomatoes Stuffed with Smoked Ostrich Carpaccio
MOANA
FORTALEZA

400g peeled tomatoes (4 large seeded tomatoes cut in half)
300g cream cheese with garlic (Polenghi variety)
60g black olives, chopped and stoned (16 olives)
2 egg yolks
20g bread crumbs (2 tablespoons)
50g onion extract (2 tablespoons)
100g fresh cream (1/2 cup)
60g grated Parmesan cheese (4 tablespoons)
chopped parsley
salt and pepper to taste
400g smoked ostrich, finely sliced (in carpaccio*)*

Sauce:
120ml olive oil (12 tablespoons)
20ml lime juice (2 tablespoons)
40ml mango vinegar (4 tablespoons)
20ml soya sauce (2 tablespoons)
15ml honey (1 1/2 teaspoon)
20ml American mustard (4 teaspoons)
salt and pepper to taste

Garnish:
16 curly lettuce leaves
16 Italian chicory leaves
20 quail eggs, cooked and chopped
chopped parsley

1. Place water to boil in casserole dish and leave tomatoes for 1 minute.
2. Remove tomatoes, run under cold water, drain excess liquid and set aside.
3. In dish, mix cream cheese, egg yolks, olives, onion extract, bread crumbs, Parmesan cheese, chopped parsley and cream. Mix well and fill tomatoes. Sprinkle grated Parmesan cheese on top of tomatoes. Set aside.
4. Sauce: mix all ingredients in a dish and set aside.
5. Place stuffed tomatoes in an oven dish lined with cream and place in oven at 200°C for approximately 20 minutes until golden.
6. While tomatoes are in oven, start assembling the dish. On 25cm plates, clockwise and alternately, put 2 chicory leaves and 2 curly lettuce leaves, until circle is completed.
7. When tomatoes are ready, put in center of plate already decorated with green leaves and *carpaccio*. Delicately spread the sauce on the chicory, lettuce and *carpaccio*, finalizing with a chopped quail eggs and parsley. Serve immediately.

Wine: to preserve each flavor's characteristic, an ideal choice would be a red Sancerre, with its subtle acidic touch and light texture.

Pork Chop with Tomato Chutney
Gosto com Gosto
Visconde de Mauá

600g pork chop (4 medium size chops)
20ml olive oil (2 tablespoons)
salt and pepper to taste
1 lime

Chutney:
400g ripe tomatoes (5 medium size tomatoes)
30g minced onion (1 small onion)
1g pink pepper (10 grains or 1 teaspoon)
5g grated ginger (1 teaspoon)
30ml orange or apple vinegar (3 tablespoons)
60g sugar (6 tablespoons)
80ml water (8 tablespoons)
sprigs of rosemary for garnishing
salt

16 cherry tomatoes
60g butter (2 1/2 tablespoons)
100g sugar (10 tablespoons)
40ml water (4 tablespoons)

Cornmeal mush:
200g cornmeal (1 cup)
500ml water (2 1/2 cups)
salt (1 teaspoon)

1. Season chops with salt, pepper and lime and marinate for 1 hour.
2. Fry pork chops in hot olive oil until golden, pour on water so they cook while they fry. (Take care with spitting fat.) Set aside.
3. Chutney: peel, seed and dice tomatoes. Set aside.
4. Drain off all olive oil used for cooking chops and add vinegar, sugar and water for caramelizing on low heat, taking care not to burn.
5. Add diced tomatoes, onion, pink pepper, salt and ginger, stirring until tomatoes completely break up. Mix in blender if so desired. Save for chutney.
6. Place butter and sugar in frying pan, add cherry tomatoes and water and leave to cook until almost all water has evaporated.
7. Cornmeal mush: boil water with 1 teaspoon of salt. Moisten the cornmeal with cold water before dissolving in hot water in order to maintain smooth consistency. Stir well. Lower heat and cook for 15 minutes. Moisten the molds and cover them with cornmeal. Set aside.
8. Place chutney in center of plate and pork chop on top. On each side, place cornmeal and cherry tomatoes in between, with a sprig of rosemary, forming a cluster. Add more chutney on top of chop, and a drop on the cornmeal also.

Wine: the fattiness of the pork chops requires a red wine with active tannin, such as a Cabernet Sauvignon from California.

Little Caprese Pie in Herb Oil
Oriundi Ristorante
Vitória

12 steak fillets (50g each)
250g dried tomatoes
500g buffalo mozzarella cut in round slices
60g finely chopped rocket leaves
200ml herb oil (recipe below)
8 red cherry tomatoes, cut in halves
8 yellow cherry tomatoes, cut in halves
100g wheat flour (1/2 cup)
100g bread crumbs (1/2 cup)
4 eggs, beaten
1 bunch of basil (1/2 cup)
salt and pepper to taste
oil for frying

Herb oil (1 cup):
200ml extra-virgin olive oil (1 cup)
5g crushed garlic (1 clove)
5g (1 heaped tablespoon) of freshly chopped herbs (green and purple basil, thyme, rosemary, sage, parsley)

Utensils:
four 8cm molds, meat hammer

1. Hammer escalopes to make thinner.
2. Season with salt and pepper.
3. Dip in wheat flour and shake off excess.
4. Dip in beaten eggs and in bread crumbs.
5. Squeeze with tip of fingers.
6. Fry in pre-heated oil.
7. Drain and dry out with kitchen paper.
8. Cut escalopes with 8cm round mold.
9. In an oven dish greased with olive oil, place four 8cm molds and place following layers in each:
• escalope in bread crumbs, dried tomato, round slices of buffalo *mozzarella*, sprigs of basil;
• two more of same layers, topping with *mozzarella* and basil.
10. Put in pre-heated oven at 25ºC until cheese melts (10 to 15 minutes). Remove molds.
11. Transfer to center of serving dish and cover with rocket leaves.
12. Decorate around with red and yellow cherry tomatoes, herb oil and fresh sprigs of basil.

Herb oil:
1. Heat some olive oil with garlic.
2. Turn heat off and, when tepid, take out garlic and add chopped herbs.
3. Use after 1 day in infusion. Store in cool place.

Wine: this is an elaborate, succulent and aromatic dish. A Barolo from Piemonte would give personality to this recipe.

Steak in Tomato, Wine And Brown Sugar Sauce
Sagarana
João Pessoa

600g potatoes (4 potatoes of same size)
bay salt
4 tall steaks, 250g each
25g unsalted butter (1 tablespoon)
salt and pepper to taste
parsley for decoration

Sauce:
120ml red wine (1/2 cup)
150g tomato sauce (1 cup)
80g brown cane sugar (8 tablespoons)
20ml white wine vinegar (2 tablespoons)

1. Sauce: put wine in saucepan and boil until reduced by half. Add tomato sauce, brown sugar and vinegar. Cook for around 8 minutes and set aside.
2. While waiting for the souce to cook, wash the potatoes with peel, season with bay salt and cook in oven at 200ºC (wrapped in aluminum foil to avoid burning) for 30 minutes. Remove potatoes from oven, gently mash and make a trench longways.
3. Season steaks with salt and pepper to taste. Heat frying pan, butter potatoes and grill them uniformly. Add sauce and cook until sauce almost reaches boiling point.
4. Place fillets on plate with sauce and arrange the potatoes with skins by the side. Garnish with parsley.

Wine: very succulent and with a lightly sweet sauce. A structured red wine with a bouquet that tends towards sweetness would be a fine discovery. We can find this in an Amarone.

Chicken Stuffed with Dried Tomatoes and Spinach
La Sagrada Familia
Rio de Janeiro

500g Italian dried tomatoes in olive oil
1kg chicken steaks
3 bunches of spinach
200g cream cheese (1 cup)
20g garlic (4 cloves)
freshly ground white pepper to taste
100ml extra-virgin olive oil (10 tablespoons)
salt to taste

Utensils:
strainer, cloth for filtering, flat aluminum whisk

1. Use drainer to separate dried tomatoes from olive oil. Chop dried tomatoes and set aside.
2. Prepare spinach in traditional way: clean, wash, boil, drain off water and chop into small pieces. Next, eliminate more water pressing in filter cloth.
3. Heat olive oil in saucepan, add chopped garlic, cook into lightly golden and add spinach. Next, add dried tomatoes. Take off heat and mix in cream cheese to homogenize filling. Set aside.
4. Separate two parts of each chicken fillet. Skin and remove fat and gristle. Use flat aluminum whisk to thin out fillets. To avoid cuts and holes, cover chicken pieces with cling film so whisk does not have direct contact with meat. Season fillets with salt and freshly ground white pepper.
5. Remove cling film on work bench, and arrange the fillets for filling. Place 2 tablespoons of filling on each, roll in cling film and tie ends with string.
6. To serve, dip chicken rolls in pre-heated water and cook on medium heat for approximately 15 minutes. Next, remove cling film and cut chicken into pieces 2cm wide.
7. We suggest a sauce of *funghi porcini*, mushrooms or *funghi secchi*, and potatoes *au gratin* or fresh *pasta* to accompany.

Wine: an elaborate recipe, with a marked flavor, which leads us to a medium-body not very sour red wine, a Montepulciano d'Abruzzo.

Caprese Chicken with White Carrot Mousseline
Pato com Laranja
Rio de Janeiro

1kg chicken breasts, split down the middle and opened out (not cut until end)
150g dried tomatoes
200g white cheese (Minas variety)
40g basil leaves (4 tablespoons)
1 liter chicken stock

Chicken stock:
200g chicken bones
50g onion (1 medium size onion)
30g carrot (1 small carrot)
1 bay leaf
2 sprigs of parsley
1 1/2 liter of water

Tomato concassé:
1kg tomatoes, peeled, seeded and diced
50g onion (1 medium size onion)
10g garlic (2 cloves)
10g tomato extract (2 teaspoons)
40ml olive oil (4 tablespoons)
thyme
salt and pepper to taste
See page 140 for herb oil recipe

Mousseline:
500g white carrot
6 egg yolks
salt, pepper and nutmeg to taste

Utensils:
cling film and 6cm diameter molds

1. Season chicken breasts and cover with cheese and chopped tomatoes. Add basil. Roll and wrap in cling film, knotting each end. Place in chicken stock and cook for 8 minutes.
2. Chicken stock: add all ingredients in saucepan, cook for 30 minutes and drain.
3. Make *mousseline* with white carrot and add egg yolks and herbs.
4. Pass through fine sieve and put *mousseline* into molds.
5. Put chicken in oven dish greased with butter and cook in oven at 200°C for approximately 40 minutes. Cover with aluminum foil.
6. For the tomato *concassé*, place olive oil, onion, garlic and thyme in saucepan. Add tomato and cook for 3 minutes on low heat. Add tomato extract. Season with salt and pepper.
7. Place *mousseline* in middle of plate, slice chicken diagonally 2-fingers wide and arrange around the *mousseline*. Decorate with 3 teaspoons of tomato *concassé* in different places.
8. Garnish *mousseline* with sprig of fresh basil.
9. Decorate with herb oil and freshly chopped herbs.

Wine: the chicken is enriched with ingredients that give it a striking taste. The wine needs to be of sound caste with a certain maturity. A good Toscano would meet these requirements.

Roast Chick With Tomatoes, Mushrooms and Fine Herbs
Taste-Vin
Belo Horizonte

2 small chickens (galetto), *450g each*
10g garlic (2 cloves), halved
60g onion (2 small onions cut into 4 pieces)
2 sprigs of thyme
2 sprigs of basil
2 sprigs of rosemary
2 sprigs of sage
2 teaspoons of thyme, leaves only
500g large ripe tomatoes (5 tomatoes)
20g dried mushrooms
10g garlic, peeled and finely chopped (2 cloves)
150ml dry white wine (1/2 cup)
200ml chicken stock (1 cup)
20g melted butter (2 tablespoons)
20ml olive oil (2 tablespoons)
salt
pepper

1. Hydrate mushrooms: boil 300ml water, remove from heat and put in the mushrooms. Leave for half an hour and then wash well. Drain the stock. Set both aside.
2. Wash tomatoes. Scald and remove peel. Cut into 4, seed and dice. Set aside.
3. Pre-heat oven at 250°C.
4. Season chicks with salt, garlic and pepper.
5. Fill chicks with garlic cloves, onion and sprigs of herbs.
6. Tie with string.
7. Bake chick in oven dish for 25 to 30 minutes at 250°C until golden brown, brushing twice with butter and, if necessary, adding a touch of water to dish. Skin should get crunchy and the legs should be medium cooked, almost pink at the joint. Remove chicks from oven. Set aside.
8. Use the wine to dissolve the caramelized juices stuck to the bottom of oven dish used to bake chick. Add chicken stock, tomato, mushrooms and cook for 15 minutes. Set aside.
9. Remove string from chicks. Heat sauce, adding salt, pepper, crushed thyme and stock formed in chick cavities. Place whole chicks on individual plates, pour sauce around and garnish with fresh herbs.

Wine: the herbs used in this dish give a striking taste to the final result and enrich the flavor of the *galetto*. To preserve this, the wine should not be overpowering. A Pinot Noir from Burgundy would fulfill this role.

Lamb Chop In Mint Sauce And Tomato Braid
Ruella
São Paulo

1kg lamb chops with bone (French cut)
5g garlic (1 clove)
40ml olive oil (4 tablespoons)
10ml canola oil (1 tablespoon)
salt and pepper to taste

Mint sauce:
200ml olive oil (20 tablespoons)
100ml mint liquor (10 tablespoons)
fresh mint leaves
salt and freshly ground green pepper

Tomato braid:
250g firm tomatoes *cut in round slices with seeds*
250g courgettes cut in round slices
125g fresh shitake *with stalks*
10g finely chopped garlic (2 cloves)
40g sliced onion (1 medium size onion)
25g sliced yellow pepper without white section (1/2 pepper)
200g of eggplant cut in round slices with peel
50g grated pecorino *cheese (5 tablespoons)*
40ml olive oil (4 tablespoons)
1 bay leaf
40g of fine sliced leek
sprigs of fresh rosemary
salt
white pepper

1. Heat olive oil and oil in frying pan. Add garlic and fry chops rapidly, taking care not to overcook as they harden. Once cooked, season with salt and pepper. Set aside.
2. Chop mint leaves and mix with liquor and olive oil. Season with salt and pepper to taste. Set aside.
3. For the braid: golden fry garlic, bay leaf, onion, leek, yellow pepper and eggplant with 2 tablespoons of olive oil on low heat for approximately 10 minutes. Place in oven dish and arrange the eggplant, the courgettes and the *shitake* on top, in line, always alternating with tomatoes. Top the dish with *pecorino* cheese, salt, white pepper, chopped rosemary and the remaining olive oil. Golden cook in oven (180° C)
4. Arrange braid in center of plate with chops standing on bone. Cover with mint sauce, flecking plate. Garnish with mint leaves.

Wine: an eclectic combination of ingredients makes this a strong flavor dish with extraordinary aroma. To preserve these characteristics, a fine Bordeaux would be an excellent harmonizer.

Chicken with Tomato
XAPURI
BELO HORIZONTE

1 1/2kg chicken (legs)
70g Xapuri seasoning (recipe below)
50g unsalted butter (2 tablespoons)
35g crushed garlic (7 cloves)
100g minced onion (2 medium size onions)
1kg peeled tomatoes for sauce, chopped
300ml pork fat (3 cups)
100ml of boiling water
1kg peas
pepper

Xapuri sauce:
60g garlic (12 cloves)
70g onion (1 medium size onion)
50g green pepper (1 medium size pepper)
20g of parsley (2 tablespoons)
20g of spring onion (2 tablespoons)
salt to taste
Mix all ingredients in blender. Save rest of Xapuri sauce for other uses.

Utensil:
blender

1. Clean chicken pieces well.
2. Punch a hole in each piece and season with Xapuri sauce at least two hours before cooking.
3. Heat fat in a large saucepan.
4. When fat is very hot, fry chicken pieces until golden brown.
5. Drain off fat.
6. Fry onions and garlic in butter with chicken until golden brown and add 100ml of boiling water and pepper. Boil off water.
7. Add chopped tomato until it melts. Remove chicken pieces.
8. Mix sauce, without chicken, in blender.
9. Cook peas *al dente* in butter. Arrange them in star shape with chicken in center of plate.

Wine: the preparation method extols the flavor of the chicken and other ingredients provide the aromas. To preserve this, a well-structured and soft red wine such as a Shiraz from Australia is recommended.

Desserts

Hot Tomato Soufflé with Roquefort
BOULEVARD
CURITIBA

1 1/2 kg ripe tomatoes, peeled and seeded
500g sugar (2 1/2 cups)
4 to 5 egg whites
icing sugar for sprinkling
150g mascarpone cheese
80g roquefort cheese
nutmeg
fresh mint leaves to decorate
butter and baker's sugar for greasing

Utensils:
fine sieve, soufflé *pots*

1. Cook peeled and seeded tomato pulp until it begins to stick to bottom of saucepan.
2. Moisten sugar with water and cook on low heat for approximately 15 minutes.
3. Mix tomato pulp with sugar and cook until compote consistency is obtained.
4. Set aside to cool.
5. Beat 4 to 5 egg whites into stiff peaks.
6. Pre-heat oven for 15 minutes at 180°C.
7. Grease *soufflé* pots with butter and sugar.
8. Carefully add the beaten eggs whites to tomato. Divide into *soufflé* pots.
9. Put in oven at 180° C for 15 to 30 minutes.
10. Mix two cheeses and pass through fine sieve. Season with nutmeg and serve in small pots next to *soufflés*.
11. Garnish with baker's sugar and sprigs of mint.

Wine: the sweetness of the tomatoes contrasts with the *roquefort*, and the *mascarpone* is softer and brings harmony to the dish. Along these lines, we recommend a light and aromatic Zinfandel from California.

Caramelized Tomato Foam
LOCANDA DELLA MIMOSA
PETRÓPOLIS

1kg tomatoes, peeled and seeded (save skin for decoration)
250g sugar (1 1/2 cup)
6 gelatines, melted in bain-marie with
50ml water (5 tablespoons)
100g whipped cream (1/2 cup)
juice of 1/2 lime
10 champagne biscuits, unsugared
500ml tomato juice (2 1/2 cups)
50ml vodka (5 tablespoons))
6 egg yolks
100g sugar (10 tablespoons)
500ml hot milk (2 1/2 cups)
10g corn flour (1 tablespoon)
50g diced celery (5 tablespoons)

Utensils:
8cm diameter mold, blender

1. Cook 800g tomatoes with 200g sugar. Let evaporate until 600g of *purée,* is obtained. Mix in blender, add lime juice and set aside. Dice remaining tomatoes. Caramelize rest of sugar in saucepan and add diced tomatoes. Let cook for a while, but not to break-up point. Add tomato *purée,* the diced tomatoes and previously melted gelatine. When it's completely cool, add whipped cream.
2. Moisten biscuits in tomato juice and vodka, squeeze lightly and make six molds 8cm in diameter. Cover with mousse. Place in refrigerator.
3. Beat egg yolks well with sugar. Add in corn flour and hot milk little by little. Heat and boil until thickening. Once cool, add celery cubes.
4. Dry tomato skin in oven until crunchy and cut into smaller pieces.

5. Cover the plate with the cream. Take the mousse of the refrigerator, place it in the center of the plate and cover it with the crunchy pieces of tomato skin.

Wine: the use of tomato here is bold and creative, resulting in a pleasant dessert with a delicate flavor. This can be enhanced by a Moscato Rosa, a fine and aromatic sweet *rosé* wine from the Italian region of Venezia Giulia.

Tomato Conserve with Fromage Blanc
Roanne
São Paulo

180g green tomatoes (2 medium size tomatoes)
180g red tomatoes (2 medium size tomatoes)
180g yellow tomatoes (2 medium size tomatoes)
360g sugar (60g for each tomato)
20g quicklime for sweets (2 flat tablespoons)
1 vanilla bean
1 stick of cinnamon
25g cloves (5 cloves)
a pinch of freshly peeled ginger
4 liters of water

Accompaniment:
120g fromage blanc
60g fresh cream (6 tablespoons)
salt and pepper to taste

1. Wash tomatoes well, cut in four pieces and take out seeds.
2. In large recipient, dissolve quicklime in 4 liters of water. Add tomatoes and leave submersed for 6 hours. Next, wash well (three or four times in running water), ensuring that all lime has been removed.
3. Prepare fine syrup with spices: put sugar in 300ml water and add spices (vanilla, cinnamon, cloves and ginger). Boil. Ensure that sugar has completely dissolved (take out any foam that may form with a spoon). Add tomatoes and boil for 1 hour on medium heat, accompanying operation at all times. Take out of saucepan and leave in refrigerator overnight to cool. Take out spices and dispose.
4. Mix cream in recipient with *fromage blanc*, salt and pepper and beat until creamy consistency is obtained.
5. Divide tomatoes in dishes with a little syrup, accompanied by fromage blanc cream.

Wine: the *fromage blanc* cream is a very important compliment as it balances and imparts greater harmony to the palate. A late harvest Sémillon from the New World is not extremely sweet and this contributes to a fine marriage.

Brûlée 'Colombo Delight'
Quadrifoglio
Rio de Janeiro

Tomato compote:
240g tomatoes peeled and seeded (3 medium size tomatoes)
150 sugar (1 cup)
80ml water (8 tablespoons)

250ml fresh cream
80ml milk (8 tablespoons)
3 eggs (3 whole and 1 egg yolk)
150g sugar (1 cup)
a pinch of cardamom powder
1 teaspoon of vanilla
icing sugar for sprinkling

Utensils:
wire whisk, fine sieve, refractory pots, and, to caramelize, a kitchen blow torch or caramelizing iron

1. Compote: make syrup with sugar and water, boiling on medium heat for approximately 5 minutes. Add finely chopped tomatoes and boil for another 15 minutes until compote consistency is obtained. Leave to cool.
2. Put cream in a dish.
3. In another recipient, beat 2 whole eggs and egg yolk with sugar, using wire whisk. Add milk. Do not use mixer or blender.
4. Mix eggs and cream, stir well, and pass through fine sieve. Add cardamom and vanilla. Add tomato compote.
5. Place in small pots.
6. Put in medium oven in *bain-marie*, first lining the bottom of oven tray with a towel so that pots do not shake and the cream does not curdle during cooking.
7. Bake for approximately half an hour until the surface is slightly firm. Leave to cool.
8. To serve, sprinkle icing sugar and caramelize with kitchen blow torch or caramelizing iron.

Wine: the sweetness and acidity are in perfect harmony. To add a bold touch, we recommend a slightly sparkling Mascato D'Asti from Piemonte.

Roast Tomatoes with Dried Fruit
Casa da Suíça
Rio de Janeiro

400g peeled and seeded tomatoes (5 medium size tomatoes)
100g sugar (10 tablespoons)
20g raisins (2 tablespoons)
20g grated coconut (2 tablespoons)
5g cloves (4 cloves)
1 stick of cinnamon
640g tomatoes (8 medium size tomatoes)
320g dried fruit (lemon, orange, figs, apricot, dates, plums)
20g almond, cut and roasted (2 tablespoons)
20g toasted pinoli (2 tablespoons)
200ml red table wine (1 cup)
100g sugar (10 tablespoons)
10g lime peel cut à la Julienne (thin strips) (1 tablespoon)

1. Put first six ingredients in saucepan: peeled tomatoes without pulp, sugar, raisins, grated coconut, cloves and cinnamon stick. Cook on low heat until compote consistency is obtained. Set aside.
2. Cut top off eight tomatoes and cut bottom (so they will stand on plate). Take out pulp.
3. Boil red wine and sugar with lime *à la* Julienne.
4. Add dried fruit, almonds and *pinoli*. Cook for two minutes and strain. Boil wine again to evaporate further.
5. Fill tomatoes with 2/3 of fruit, almonds and *pinoli*.
6. Replace tops on tomatoes and bake for 15 minutes in oven at 180° C.
7. Pour small amount of wine on dish (enough to cover bottom), arrange two tomatoes on top, spread the remaining fruit around and put a spoonful of tomato compote next to each stuffed tomato. Serve hot.

Wine: a true orchard of colors and flavors. To enrich this inspired dish, we recommend a Muscat from Rivesaltes with its flowery bouquet.

The Essential Tomato

DANUSIA BARBARA

it is chic, superbly designed, delicious, it's the best!

Traditional on the outside, and contemporary on the inside. Or contemporary on the outside and traditional on the inside? Both stand true.

That's what the tomato is: versatile. It is essentially a fruit, but has characteristics of a vegetable. It is a multiple source of nutrition, one of the most widely used foods in cooking all over the world, and it was once cursed because it was considered to be poisonous. For centuries it was used merely to ornament gardens. Today everybody knows that it is a potent anticancerous agent, among its many other qualities.

The tomato is to be eaten, tasted, devoured, deciphered. It produces unforgettable gastronomic delicacies: soups, sauces, soufflés, deserts, ice creams, purées, cocktails. It is solar, sensual, inebriating. It has become a cultural hallmark of many nations: just imagine Italy without tomatoes in the spaghetti or on the pizza. Or Spain without the dark red gazpacho, France without stuffed tomatoes or colorless ratatouille. Just think of the USA without the basic tomato ketchup, China without the jazzed hoisin sauce or Vietnam without its sot ca chua sauce.

The tomato has only thrived in Asia in the twentieth century, whereas the arabs of Tunisia, Algeria and Morocco were more fortunate: they only had to wait until the nineteenth century. What could be more striking from certain periods and places than the dishes and the trays of glorious buffets decorated with roses made from tomato skins? Like a friendly warrior, the tomato is everywhere. The poet Pablo Neruda surrendered to its powers and wrote the beautiful *Ode to the Tomato*: "The knife dives into its live pulp, visceral red, solar, deep, inexhaustible ..."

It energizes, perfumes, is used in cosmetics, and is present in the trend-setting fashion world. Yves Saint Laurent was highly acclaimed when he launched silk undergarments bearing small tomato prints. Ungaro created a collection of handkerchiefs with the same motif. Dolce & Gabanna designed a humorous handbag dotted with tomatoes.

As if this were not enough, blushes, lipsticks and nail polish by top class brands such as Estée Lauder and Revlon, use the tomato tone in their summer collections. In the most modern cosmetic products, the main active properties of the tomato are used in revitalizing creams in the fight against free radicals and to keep the skin supple. They are expensive and rare products, and promise miracles in the battle against flabbiness, wrinkles and swelling. The latest and most surprising use of the tomato in this area is that its subtle acid-fruity aroma is used as a compound for perfumes. That's exactly right: the smell of fresh tomatoes makes up the bouquet of expensive modern perfumes such as Le Feu by Issey Miyake, and J'Adore' by Christian Dior.

The saga of the tomato began many centuries ago in the new continent, more precisely in the region encompassing Peru, Equador, Bolivia, later extending as far as Mexico, where the Aztecs named the fruit *tomatl*. Small, yellow, like the cherry tomato of today, it was a native fruit that grew in abundance and needed no farming. The Spanish introduced it into Europe, but it was received with suspicion: its links to the Solanaceae family resulted in it being labeled as a dangerous plant, possibly poisonous, and certainly bewitching. In the 17th century, a Swiss doctor narrated how he managed to calm down a person of nervous disposition who was destroying everything in his path by asking him to hold a tomato.

In awe of its powers, botanists named it *lycopersicon* (wolf's peach, in Latin). Only at the end of the 18th century was the adjective *esculentum* (edible) added. But this comestible wolf's peach (*lycopersicon esculentum*) endured hard times before being accepted. "The tomato has a pact with the devil, it is used in witchcraft, it is blood flowing freely, in contrast to the beetroot, which has the texture and color of coagulated blood. Never eat the tomato – it is pure poison, albeit an aphrodisiac. At most, it serves to adorn gardens." Do you find that strange? Well, that's the way it was for a long time in Europe, which was leaving the Middle Ages when the tomato was first introduced there. The grudge was so big that there are even written works on how the fruit was capable of corrupting (sic) the stomach and the soul.

In 1550, the naturalist Cesalpino refers to the tomato as '*mala insana*', meaning the unhealthy apple. Some years later, Petrus Matthiolus painted and described the '*mala peruviana*', the Peruvian apple (which caused some confusion since, though native of Peru, it was the Mexican name – *tomatl* – that the European explorers adopted, and it was from Mexico that the first plants were taken back to Europe). Many years later, when finally admitted to be edible, it was recommended that the tomato be cooked for at least three hours to neutralize its toxic elements.

It is true that at one time a certain marketing ploy was conceived to invert this situation: the tomato was taken to Italy under the name of *pomo d'oro* (golden apple), since it was yellow and purportedly had aphrodisiacal powers. But it continued to be rebuffed, until some country folk developed a red variety. From that point onwards, things started to change. In the mid 1700s, the Italian cook Francesco Leonardi prepared some pasta with tomato sauce, marking the beginning of a long-lasting love affair between pasta and the *pomodoro*. Out of this marriage was born a whole range of *salse, sughi* and *ragu*.

The union was so deep that today it is impossible to dissociate the tomato from Italian cuisine. There is even the story of a priest from a small town in the Romagna region. He was a snooper, putting his nose into everything in the whereabouts. But he was a sweet and honest chap, his meddlings resulted in more blessings than misadventures. Hence the nickname Don Pomodoro. Like the tomato, having good fortune wherever it went, he had a thousand and one uses.

The annual Tomatina fiesta in Bunol, Catalonia, Spain, is another example of how the tomato has taken on new roles. For 15 minutes at midday on the last Wednesday of August, the city is dominated by tomato throwers. In a wild and compulsive fury, the main square disappears under a cloud of tomatoes that splatter on the ground, soiling the townsfolk and everything around them, causing a terrific mess, in a mixture of rage and merriment. The juices flow along the gutters like blood, the squashed tomatoes form a carpet on which people roll about in lawless fashion. The strong smell of tomato pervades everywhere. It is a tremendous sport, a huge carnival, a true discharge in red.

Among the Bambaras tribes of Mali and Senegal, the tomato is believed to stimulate fertility. It is recommended that couples eat it prior to consummating their union and that women offer tomato juice (red like the blood of offerings) to the heavens. Once accepted by the Gods, it returns to earth in the form of rains to benefit the harvests.

Note the form and content of the tomato: perfect design, absolutely contemporary visual identity, utterly classic. Smooth, fine skin, waterproof, a film stretched to the limit, nevertheless not fragile. The interface between outer and inner coatings encapsulates the juicy meat, inebriated with a vinegary acidity, yet sweet at the same time. Remarkable. This is the basic characteristic of the tomato: to concentrate multiple aspects within itself. Contrasts that magnify and compliment the taste and texture. But the inside is not just "that meat as delicate as breasts and rose-red like the pubis" (Joseph Delteil, in *Cholera*, quoted by Jean-Luc Hennig in *'Dictionnaire littéraire et érotique des fruits et legumes'*, published by Albin Michel).

Its skin shines, has a transparent appearance, it shows all and hides all; in short, it reveals a dense yet subtle substance. Its inside houses something like a solar system, constellated with grains or stars. Within the tomato, there are encounters and oppositions – between the meaty jelly, the juice and the crunchy seeds, between the acidic and sweet flavor, between its fragility (oh, the sensation of holding a tomato in the palm of the hand!) and the resilience of its skin. It manages to be at once rustic, resistant and productive, without ever losing its elegance.

The tomato is a fruit, often used as a vegetable. In general, a fruit is the edible part of a plant that contains seeds, whereas with vegetables, the leaves, roots or stems are eaten. In the USA, where it was "imported" from Europe, in a curious case of geographic and genetic relocation (it left the new continent, was transplanted to Europe and then exported to the USA, each relocation bringing about changes in its structure), it ended up at the Supreme High Court for a decision on its identity.

It was in the year 1893 when the attorney of the highest North-American court of justice ruled: "From a botanical point of view, it is a fruit. But from a businessman's and consumer's point of view, it is a vegetable that may be consumed raw or cooked". In fact, some years ago (in 1820), in order to convince North-Americans that the tomato was edible, colonel Robert Gibbon Johnson sat on the steps of the Salem Court of Justice in New Jersey and ate a considerable quantity of tomatoes. It is true that he died, but only 30 years afterwards. With this act, he managed to convince those who disbelieved that, either as fruit or a vegetable, the tomato was perfectly edible.

Most of the tomato (93% to 95%) is made up of water and 1.5% fiber. Low in calories (14 calories per 100g.), it is a source of vitamins A and C and, when eaten raw, of vitamin E. It contains fructose, folic acid, potassium, calcium, mineral salts and other acids that are known to allay cancer. Some vitamins are lost in cooking. Raw or grilled tomatoes have the highest concentration of nutrients. The red color derives from lycopene, a powerful antioxidant that combats the effect of free radicals, the forerunners of heart disease and cancer. Scientists are still testing the substance in patients with cancer of the mouth, but always advise people to include the tomato in the daily diet. Popular medicine uses its leaves to make tea against cystitis and the juice for abating the symptoms of arthritis and constipation. To help cure dermatological diseases, the tomato should be cut in half and applied directly to the skin in cases of sunburn, warts, corns, hemorrhoids and even in the fight against dandruff and loss of hair.

In order of volume, the world's main producers of tomatoes are China and the United States, followed by Russia and Italy. In Brazil, the main producing region is the south-east, with over 60% of national production, followed by the northeast, the centerwest and the south. The State of Rio de Janeiro is home to the famous tomato festival in Paty d'Alferes which has become a tourist attraction. According to Paulo César Tavares de Melo, PhD in agronomic engineering at Embapa, Brazil produced 3,142,855 tons of tomatoes in 1999, and world production in the same year was estimated at 90,359,528 tons. Today the tomato is the second most cultivated garden produce in the world, second only to the potato. In market value likewise.

There are so many types that there are even germplasm banks that collect, describe, maintain and multiply the genetic diversity of the species, the main banks being in the United States, Holland, Cuba and Russia. Curiously, in France a certain Louis-Albert de Broglie, in the Loire Valley, created the Tomato Conservatory where he keeps one of the largest private collections of tomatoes in the world, with over 450 varieties of the most diverse types.

There may even be more, and with the help of genetics and other sciences a product that the market dreams of may possibly be created. Long life tomatoes; tomatoes for cocktails, salads, purées, sauces and ice creams; organic tomatoes (grown without the use of pesticides); enhanced flavor tomatoes; more rounded or more elongated, reminiscent of cherries, pears or plums; in more golden, orange, green and red tones, or even lightly striped; with many or few seeds, average or high viscosity, *al dente* meat or softer meat, more resistant to the cold, pest and diseases. The genetic encounter of the animal and vegetable kingdoms is already being studied.

To make the tomato more immune to the cold, for example, research is being carried out to transfer a gene found in salmon that is more resistant to the cold. We would therefore obtain the salmon tomato (Jean-Luc Danneyrolles, *La Tomate*, published by Actes Sud). However, for the moment, the greater search is for flavor. There are beautiful tomatoes, impeccable forms of varied choice. If the cultivation of tomatoes today allows one to find the product anywhere in the world – either fresh, canned, purée, concentrated, dry –, the consumers complain about the lack of smell and taste of tomato. In the main English markets, there are tomatoes "grown for flavor" (more expensive than regular tomatoes), that is, they are cultivated for taste. In any case, the tomato thrives on heat and direct sunlight. In Brazil there is no shortage of this, although taste is not the strong point of the Brazilian tomato. The Italian San Marzano type is much appreciated for its low acidity and sweetness, as is the exceptionally sweet Japanese 'momotaro' variety.

Tomato flowers are hermaphrodite and the tomato has undergone so much cross-breeding and experiments that it is evermore sensual and young, definitively red and beautiful. Nevertheless, there is a risk: without its pungent flavor, it has no soul. It becomes a bland tomato. It is saved by its sociability, that is, its broad capacity to get along well with herbs, spices, vegetables, pasta, meat and fish. It reigns alone or with company, and extends beyond gastronomy into other arts. It has served as the inspiration for and the theme to songs, chronicles, happenings, parties, modern art, films: who could forget the film *Fried Green Tomatoes,* made in 1991 starring Jessica Tandy and Kathy Bates? Tomato soup was immortalized by Andy Warhol in contemporary art: "If I painted pictures with soup cans, it was because I consumed them for 20 years...I paint objects that I know very well and my favorite dish is Campbell's tomato soup", explained the controversial Warhol. Thus, on display at museums, in books, posters, advertisements, supermarkets and other consumer temples, the tomato is a symbol of recent years.

The recipe possibilities are infinite. Today, next to bread and rice, the tomato is one of the most consumed foodstuffs in the world. However, we have already seen that it was not always so. From the same family as the potato and the egg-plant, its adventures have seen many winding roads. From the smells of a plantation and the furtive tomato pinching by children, to the idea that it was a venomous plant. Teacher Maria Regina from the State of Minas Gerais recounts some of her experiences:

"When I was a girl and still lived in the country, I used to love the tomato plants budding in the corner beds laced with manure from the corrals. The beautiful colors, the dark green of the leaves, the black earth and the red fruit. The farmhouse was located in a round valley – it looked like a very old volcano crater. The sun would set early. As soon as it went down, my mother would water the plants. The silvery water ran through the leaves, the fruit would get wet and I longed to bite it right there and then. I resisted the temptation from fear of being scolded. I remember my mother filling a small cotton sack with tomato leaves and mashing them with the knife handle to cure bee stings with the juice from the leaves.....Funny how many stories there are in a fruit."

Another account, by the European Giono, in *The Star Serpent*:

"On Sunday mornings, the whole town would make tomato soup. The fruit was cut in half, the cores taken out, and with a little water, olive oil and onions would be fried. At around 11 o'clock, all the saucepans and mess kits would spring into action and the whole town would smell of tomato soup. It was the smell of Sunday, the freest day, with a table and a woman, with meat and dignity".

And what was once a homicidal fruit has become an essential, vital source of food. The tomato played its 'best-seller' role in gastronomy and if anyone is still in doubt, just try to decipher it, bite it raw, savor it in a sauce, surprise yourself with the strength of a dry tomato, feel all its potential.

Remember Guimarães Rosa in *Grandes Sertões: Veredas* where he narrates the story of something that is seen as cursed and treacherous – "The devil in the street, in the middle of the whirlwind" – that would later be transformed into the fundamental element in the world's cultural ketchup – " Nothing of the sort. There's no devil!... There is a human being.".

Better if made with tomatoes. Like the melody *A Fine Romance* by Jerome Kern, immortalized by Fred Astaire and Ella Fitzgerald, among others,

A fine romance, with no kisses
A fine romance, my friend this is
We should be like a couple of
hot tomatoes
But you're as cold as yesterday's
mashed potatoes

Ideally, we should live and vibrate like hot tomatoes and not be cold like yesterday's mashed potatoes. We are human beings and the ups and downs of our lives are reminiscent of the saga of the tomato. Let's make the most of it!

Relação dos Restaurantes Associados

ALAGOAS

Akuaba
Tel.: (82) 325-6199

Divina Gula
Tel.: (82) 235-1016

Wanchako
Tel.: (82) 327-8701

AMAPÁ

Cantina Italiana
Tel.: (96) 225-1803

CEARÁ

Moana
Tel.: (85) 263-4635

Marcel
Tel.: (85) 219-7246

DISTRITO FEDERAL

Alice
Tel.: (61) 368-1099

ESPÍRITO SANTO

Oriundi
Tel.: (27) 3227-6989

Papaguth
Tel.: (27) 3324-0375

MATO GROSSO DO SUL

Fogo Caipira
Tel.: (67) 324-1641

MINAS GERAIS

A Favorita
Tel.: (31) 3275-2352

Dona Derna
Tel.: (31) 3225-8047

La Victoria
Tel.: (31) 3581-3200

Splendido Ristorante
Tel.: (31) 3227-6446

Taste Vin
Tel.: (31) 3292-5423

Vecchio Sogno
Tel.: (31) 3292-5251

Viradas do Largo
Tel.: (32) 3355-1111

Xapuri
Tel.: (31) 3496-6455

PARÁ

Dom Giuseppe
Tel.: (91) 241-1146

Lá em Casa
Tel.: (91) 223-1212

PARANÁ

Boulevard
Tel.: (41) 224-8244

Famiglia Caliceti-Bologna
Tel.: (41) 223-7102

PERNAMBUCO

Beijupirá
Tel.: (81) 3552-2354

Chez Georges
Tel.: (81) 3326-1879

Garrafeira
Tel.: (81) 3466-9192

Kojima
Tel.: (81) 3328-3585

Oficina do Sabor
Tel.: (81) 3429-3331

Quina do Futuro
Tel.: (81) 3241-9589

RIO DE JANEIRO

Banana da Terra
Tel.: (24) 3371-1725

Borsalino
Tel.: (21) 2491-4288

Carême Bistrô
Tel.: (21) 2226-0093

Casa da Suíça
Tel.: (21) 2252-5182

Emporium Pax
Tel.: (21) 2559-9713

Esch Cafe (Centro)
Tel.: (21) 2507-5866

Esch Cafe (Leblon)
Tel.: (21) 2512-5651

Galani
Tel.: (21) 2525-2525

Giuseppe
Tel.: (21) 2509-7215

Gosto com Gosto
Tel.: (24) 3387-1382

La Sagrada Familia
Tel.: (21) 2252-2240

Locanda della Mimosa
Tel.: (24) 2233-5405

Margutta
Tel.: (21) 2259-3887

Mistura Fina
Tel.: (21) 2537-2844

O Navegador
Tel.: (21) 2262-6037

Parador Valencia
Tel.: (24) 2222-1250

Pax
Tel.: (21) 2522-8009

Quadrifoglio
Tel.: (21) 2294-1433

Rancho Inn
Tel.: (21) 2263-5197

Sawasdee
Tel.: (22) 2623-4644

Sushi Leblon
Tel.: (21) 2274-1342

RIO GRANDE DO SUL

Calamares
Tel.: (51) 3346-8055

La Caceria
Tel.: (54) 286-2544

Taverna Del Nonno
Tel.: (54) 286-1252

SANTA CATARINA

Bistrô D'Acampora
Tel.: (48) 235-1073

SÃO PAULO

Amadeus
Tel.: (11) 3061-2859

Arábia
Tel.: (11) 3061-2203

Cantaloup
Tel.: (11) 3078-9884

Ilha Deck
Tel.: (12) 3896-1489

Empório Ravióli
Tel.: (11) 3846-2908

Ludwig
Tel.: (12) 3663-5111

Marcel (Brooklin)
Tel.: (11) 5504-1604

Marcel (Jardins)
Tel.: (11) 3064-3089

Nakombi
Tel.: (11) 3845-9911

Vila Bueno
Tel.: (19) 3867-3320

Vinheria Percussi
Tel.: (11) 3088-4920

SERGIPE

La Tavola
Tel.: (79) 211-9498

VARIG NO MUNDO

Tel.: (21) 3814-5859

Associação dos
Restaurantes da
Boa Lembrança
Tel.: (81) 3463-0351
www.boalembranca.com.br

Conheça os outros títulos da
Coleção Aromas e Sabores da Boa Lembrança!

Edição Luxo

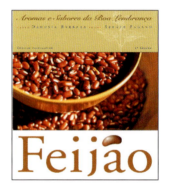 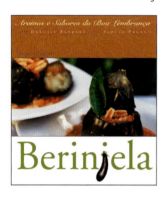 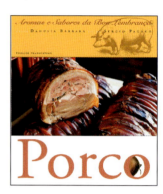 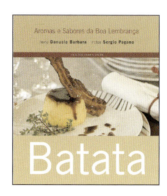

Versão Pocket

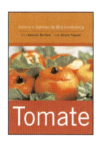 

Para conhecer a história, os restaurantes, a galeria de pratos, os projetos e eventos da Associação dos Restaurantes da Boa Lembrança, visite www.boalembranca.com.br. Acesse também o *site* do Clube do Colecionador em www.clubedocolecionador.com.br.

Visite www.rj.senac.br/editora, conheça os nossos títulos e escolha aqueles que mais te apetecem. Faça da sua leitura um passatempo e um aprendizado inebriantes.

Disque Senac Rio: (21) 3138-1000

Este livro foi composto nas tipologias
Adobe Garamond, Helvetica Neue e Snell Roundhand
e impresso em papel Couché brilho 150g/m²,
nas oficinas da Pancrom no mês de setembro de 2005,
para a Editora Senac Rio.